SILKE GEERCKEN

Wir werden Großeltern

DAS HANDBUCH FÜR EINE
GANZ BESONDERE BEZIEHUNG

FÜR MEINE VIER ENKELKINDER,
DIE MIR SO VIEL LACHEN GESCHENKT HABEN

SILKE GEERCKEN

Wir werden Großeltern

DAS HANDBUCH FÜR EINE GANZ BESONDERE BEZIEHUNG

Inhaltsverzeichnis

Vorwort

Gerade waren die eigenen Kinder noch klein, man wusste nicht, wie man Familie, Beruf und Haushalt für alle zufriedenstellend bewältigen sollte, und plötzlich ist man selbst Großmutter oder Großvater. Was für ein Wort! Man ist etwas Großes und vor einem liegt etwas ganz Kleines.

Ich war 59 Jahre, als mein erster Sohn und seine Frau meinen Mann und mich zu Großeltern machten. Gab es Zweifel oder Bedenken? Nein, nur eine große Vorfreude auf das kleine Wunder, das uns in den nächsten Monaten und Jahren auf Trab halten sollte. Inzwischen haben wir vier Enkel im Kleinkind- und Grundschulalter. Wir sehen sie regelmäßig, das heißt jede Familie einen Tag pro Woche, und jeder Tag, den wir mit den Enkelkindern verbringen dürfen, bedeutet Freude und Glück, ganz viel Lachen und Unbeschwertheit und oft auch Erinnerung an jene Zeit, als unsere eigenen Kinder klein waren, denn vieles wiederholt sich einfach.

Jetzt werden Sie Großeltern oder sind es bereits. Ich wünsche Ihnen mit Ihren Enkelkindern ebenso viel Spaß und Freude. Dieses Buch soll Ihnen als kleiner Leitfaden dienen: Was es bedeutet, Großeltern zu sein, was zu bedenken ist und wie Sie die kostbaren Begegnungen mit Ihren Enkelkindern maximal genießen können.

Die Begegnungen und Abenteuer in den nächsten Jahren sind flüchtige Erlebnisse, denn es ist nur eine begrenzte Zeit, in denen Ihre Enkelkinder Ihnen blind vertrauen und Sie in der Freundesliste gleich nach Mama und Papa angesiedelt sind. Spätestens mit Beginn der Schule kommen andere Freunde und Termine, die wichtiger sind als der Besuch bei Oma und Opa. Deshalb: Genießen Sie diese Zeit, es ist mit die beste Ihres Lebens.

OMAS TAGEBUCH

Das kleine große Glück

Seit neun Monaten bin ich Oma, und das finde ich ganz wunderbar. Nicht der Titel, sondern das kleine große Glück, das dahintersteckt, begeistert mich. Wenn Linus lacht, dann habe ich ebenfalls gleich gute Laune, und natürlich finde ich alles ganz großartig, was er macht. Haben sich meine Kinder auch so prächtig entwickelt, haben sie auch so interessiert ihre Umwelt betrachtet, konnten sie auch so schnell krabbeln?

Sicher, aber ich weiß es nicht mehr, und ich habe es damals auch nicht so intensiv registriert. Beruf und Haushalt waren weitere Herausforderungen, die die gemeinsame Zeit mit den beiden Söhnen sehr oft verkürzten. Wenn mein Kind schlief, musste diese Pause für »Sinnvolles« genutzt werden. Doch wenn Linus schläft, sitze ich manchmal daneben und schaue einfach zu – und empfinde Frieden und genieße das Glück und mache einfach gar nichts. Oma zu sein, ist ein wunderbares Geschenk.

KAPITEL 1

Wir werden Großeltern

Was macht eine gute Großmutter aus,
wie haben sich die Anforderungen geändert,
welche Geburtsmethoden gibt es,
und wie kann man den jungen Eltern eine echte Hilfe sein?

Großeltern früher und heute

Fitter, vielseitiger, aufgeschlossener: Die Großeltern von heute sind ganz anders als die Großeltern früherer Generationen.

Als ich Großmutter wurde, war für mich sofort klar: Ich wollte mich ganz viel einbringen, unseren Kindern dieselbe Hilfestellung geben, wie ich sie damals von meinen Eltern erfahren habe. Obwohl 100 Kilometer entfernt, waren sie jede Woche da, um uns zu entlasten, manchmal auch über Nacht. Ich war voll berufstätig und habe die Hilfe im Haushalt und bei der Kinderbetreuung gern angenommen, und mein Mann hat es genossen, wenn meine Mutter kochte oder ihm die Hemden bügelte. Das ist bei den jungen Müttern heute nicht unbedingt immer so gewollt. Daher sollte mit Tochter und erst recht mit Schwiegertochter vorher genau festgelegt werden, wie, wie oft und in welcher Art und Weise Unterstützung für das Neugeborene erwünscht ist.

Junge Eltern haben heute eine andere Work-Life-Balance, als wir sie hatten – damals gab es diesen Ausdruck für das Gleichgewicht zwischen Arbeit und Freizeit ja noch gar nicht. Viele junge Eltern möchten ihr kleines großes Glück zunächst ganz allein genießen, ohne Besuch von Oma oder Opa und vor allem ohne gut gemeinte Ratschläge. Eine Einmischung von Mutter oder Schwiegermutter ist nicht erwünscht und kann schnell zu Konflikten auch in der Partnerschaft führen. Und es gibt schließlich viele Bücher und eine Flut von Informationen im Netz, die Hilfestellung in Erziehungsfragen leisten.

Als ich (Jahrgang 1954) klein war, war meine Großmutter nicht berufstätig und meine Mutter arbeitete erst wieder, als ich 10 Jahre alt war. Das heißt, es war immer jemand für mich da, der auf mich aufpasste, für mich kochte, mit mir spielte, mich bei Verletzungen tröstete, mit mir meine kleinen und scheinbar großen Sorgen teilte. In den Kindergarten »musste« ich nicht, meine Mutter war ja zu Hause. Wozu auch, der wertvolle pädagogische Ansatz, den die Kindertagesstätten heute bieten, wurde damals nicht erkannt. Wie ich mit meinen eigenen Söhnen erfahren habe, wurden die Kinder

früher zwar liebevoll betreut und bespielt, aber die Kitas hatten im Gegensatz zu heute keinen Bildungsauftrag.

Ich war als Journalistin immer voll berufstätig, weil ich mir die Arbeitszeit einteilen und auch zu Hause arbeiten konnte (erst mit Schreibmaschine, später mit PC) und berufsbedingt auch abends oder am Wochenende gearbeitet habe. Dann war mein Mann für die Betreuung zuständig. Viele andere befreundete Mütter mit kleinen Kindern waren entweder ganz zu Hause, oder sie arbeiteten nur in Teilzeit, je nachdem, was ihre Ausbildung zuließ. Der Kindergarten war damals nur bis 12 Uhr geöffnet, Arbeitgeber waren nicht so verständnisvoll wie heute. Auf kleine Kinder wurde keine Rücksicht genommen. Und Homeoffice kannte man noch nicht, es fehlten auch die technischen Voraussetzungen. Heute ist die Gesetzeslage anders. Es gibt sogar ein Recht auf Teilzeit. Damals war gut dran, wer eine liebevolle Oma um Unterstützung bitten konnte – so wie ich meine Mutter.

Großeltern von heute

Großeltern von heute sind in ein modernes Leben eingebunden, oft noch berufstätig. Sie reisen gern, haben viele Interessen und Hobbys, die sie vor allem als Rentner auch ausleben wollen. Durch die vielen Freizeitaktivitäten scheint die Zeit sogar knapper als während der Berufstätigkeit. Die Nachricht, Großeltern zu werden, löst daher bei den Betroffenen nicht automatisch Freude aus. Die Vorfreude auf den Familienzuwachs und das kleine süße Wesen wird oft von Großeltern auch mit Zweifeln und Bedenken begleitet: Sind meine Kinder bereit und in der Lage, die nächsten 18 Jahre Verantwortung für ihr Kind zu übernehmen? 24 Stunden am Tag, sieben Tage in der Woche? Was bedeutet der neue Erdenbürger für mich und meine Freiheit? Bin ich als Oma verpflichtet, meine regelmäßige Unterstützung anzubieten, damit Sohn und Tochter weiterhin voll berufstätig sein können? Was bedeutet es für mein Leben, wenn das Kind nicht gesund ist? Wird es finanzielle Schwierigkeiten geben? Das sind viele Fragen, die schon vor der Geburt des Enkelkindes in »Familienkonferenzen« geklärt werden können.

Heute ist es gängige Praxis, dass Kinder mit einem Jahr in die Krippe und ab 3 Jahren in die Elementargruppe der Kindertagesstätte gebracht werden, aber wenn Sie Ihr Enkelkind regelmäßig betreuen sollen, dann sollten Sie klären, was von Ihnen erwartet wird und auch Ihre eigenen Vorstellungen deutlich machen: Welche Aufgaben würden Sie gern übernehmen, was werden Sie auf keinen Fall leisten wollen (putzen, kochen, mit dem Enkelkind zum Arzt gehen ...).

Und wenn die Kinderbetreuung über mehrere volle Tage in der Woche gehen soll, müsste vielleicht auch ein kleines Anerkennungshonorar angesprochen werden, um die Wertschätzung Ihrer Tätigkeit auszudrücken. Es kann nämlich sehr schnell passieren, dass Ihr Engagement in der Kinderbetreuung gar nicht mehr wahrgenommen und als etwas Selbstverständliches angesehen wird. Und das kann bei Ihnen zu Frust und Enttäuschung führen.

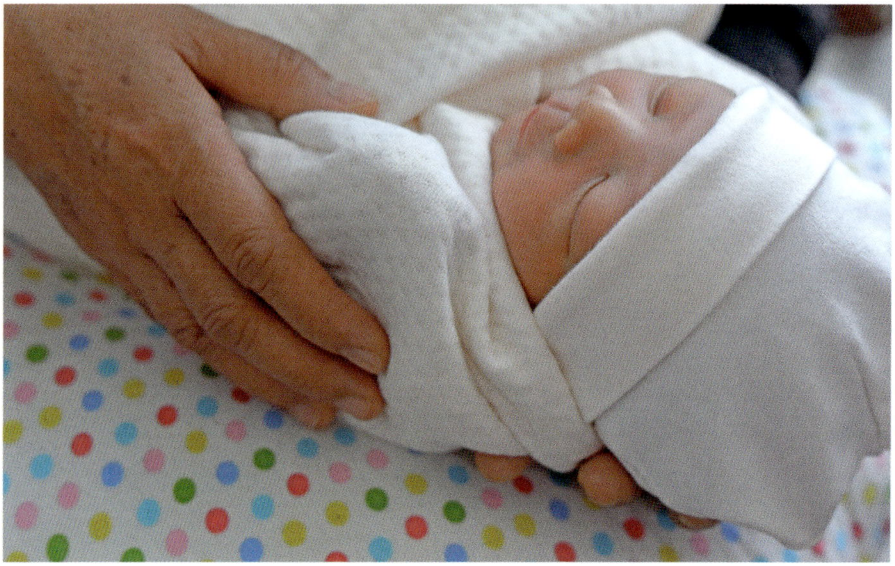

Die Geburt heute

Das Kinderkriegen hat sich enorm verändert, seit wir selbst Eltern geworden sind.

Die Geburt wird akribisch geplant, der Vater in alles einbezogen, selbst im Schwangerschaftskurs kann er dabei sein und lernen, die »Wehen« wegzuatmen. In vielen Krankenhäusern muss man sich zwischen der 12. und 20. Woche der Schwangerschaft anmelden, um einen sicheren Platz zu haben. Auch eine Hausgeburt muss frühzeitig organisiert werden. Und es gibt verschiedene Wege, sein Baby auf die Welt zu bringen. Wer eine Klinik wählt, sollte nach einer NEO (Neonatologischen Intensivstation) fragen. Gibt es diese NEO nicht, müsste der Säugling im Falle eines Notfalls bei der Geburt per Rettungshubschrauber in eine Klinik mit NEO verlegt werden, wird also – kaum auf der Welt – von der Mutter getrennt.

Einige Mütter entscheiden sich dennoch lieber für eine natürliche Geburt, die ausschließlich von Hebammen geleitet wird – entweder zu Hause oder in einem Geburtshaus. Grund: Hier ist die Atmosphäre entspannt und wohnlich, die Betreuung etwas persönlicher und individueller. Dafür aber gibt es keine Ärzte, die im Notfall sofort mit OP-Saal und Intensivmedizin zur Verfügung stehen. Es ist eine Frage der Abwägung und des persönlichen Geschmacks, und Sie als Oma sollten sich hüten, Ihre Meinung allzu deutlich zu formulieren. Es ist ausschließlich die Sache der Eltern, den für sie geeigneten Geburtsort auszusuchen.

»Die junge Familie unterstützen – ja. Mitreden: eher nein.«

Bei einer Hausgeburt übernehmen Hebammen das Zepter, es sind weniger medizinische Eingriffe wie Kaiserschnitt oder die Anwendung von Geburtszangen möglich, aber es wird voll auf die Wünsche der Mütter eingegangen. Eine Hausgeburt eignet sich vielleicht besser beim zweiten Kind, wenn die Mutter schon weiß, was auf sie zukommt – obwohl natürlich jede Geburt anders verlaufen kann. Für mich kam damals eine Hausgeburt nicht infrage. Was ist, wenn die Hebamme es nicht rechtzeitig schafft, an den Geburtsort zu kommen? Und ist der Partner stark genug, seiner Frau mit allen Konsequenzen beizustehen?

Die Zahl der Kaiserschnitte in den Kliniken ist in den vergangenen Jahren stark angestiegen. 2020 gab es 758.099 Geburten, davon war ein Drittel Kaiserschnitte (29,1 Prozent). 2004 lag die Rate bei 26,3 Prozent (Quelle: Statistisches Bundesamt). Einer der Gründe für diesen Anstieg ist, dass viele Eltern eine geplante Geburt bevorzugen. Sie wissen dann auf den Tag genau, wann das Kind kommt, und können sich besser auf die neue Situation vorbereiten. Gründe für einen Kaiserschnitt können auch Ängste vor den Wehenschmerzen oder einer späteren Beckenbodenschwäche sein. Oft ist ein Kaiserschnitt in den Kliniken nicht gewollt und wird erst dann durchgeführt, wenn Hebammen und Ärzte keine andere Möglichkeit mehr sehen: Die Tochter einer Freundin hat 36 Stunden mit den Wehen gekämpft, bevor die Hebamme kapitulierte und die Ärzte schließlich einen Kaiserschnitt machten. Das war eine große Tortur. Mutter und Kind waren völlig erschöpft und die Wundschmerzen hinterher sehr viel größer als nach einer natürlichen Geburt.

Ganz gleich, wie Ihre Tochter oder Schwiegertochter entscheidet: Es geht ausschließlich um die Bedürfnisse und das Wohlergehen der werdenden Mutter, damit sie die Geburt ihres Kindes hoffentlich in guter Erinnerung behält.

Hypnobirthing

Eine sehr sanfte und neuere Form der Entbindung ist das »Hypnobirthing«, das bereits in den 1980er-Jahren von der Amerikanerin Marie F. Mongan entwickelt wurde. Hierbei handelt es sich um eine besondere Methode der Geburtsvorbereitung, die werdenden Eltern hilft, ihr Vertrauen in sich selbst und in ihre eigenen Fähigkeiten zu stärken, damit sie der Geburt ihres Babys mit Vorfreude, Zuversicht und Gelassenheit begegnen können. Eine professionelle Übungsanleitung erhalten werdende Eltern in einem Hypnobirthing-Kurs von einer zertifizierten Kursleiterin oder einem Kursleiter der HypnoBirthing Gesellschaft Europa GmbH, die das deutsche Originalprogramm im deutschsprachigen Raum seit vielen Jahren unterrichtet. Es gibt prominente Vorbilder wie die Herzoginnen Kate Middleton und Meghan Markle aus dem englischen Königshaus, die sich für die Geburtsform des Hypnobirthing entschieden haben. Atem- und Entspannungstechniken nach Mongan sollen die Entbindung erleichtern. Schwangere lernen mithilfe geburtsvorbereitender Hypnose, sich im entscheidenden Moment im Kreißsaal in eine Art Trance zu versetzen. Nicht unbedingt als Erste, aber als eine der populärsten Hypnose-Therapeuten verknüpfte die Amerikanerin Marie F. Mongan unter der Bezeichnung »Hypnobirthing« Entspannungstechniken mit der Idee von Grantley Dick-Read, einem Pionier der natürlichen Geburt. Seine Überzeugung: Angst löse Verspannungen aus, und Verspannungen führen zu Schmerzen.

Das Enkelkind kennenlernen

Enkel zu haben schenkt eine Freude,
die man vorher nicht beschreiben kann,
weil man dieses Gefühl nicht kennt.

Die Liebe zu den Enkeln ist oft intensiver als damals zu den eigenen Kindern. So geht es mir jedenfalls. Ich habe meine Kinder nicht so bewusst beobachtet, ihre normale Entwicklung als etwas Selbstverständliches hingenommen. Aber: Ich hatte damals als junge, berufstätige Mutter auch gar nicht die Zeit, mich so intensiv zu kümmern, so ausgiebig mit meinen Kindern zu spielen. Und da die Zeit immer knapp war, war ich auch nicht so geduldig. Das tut mir im Nachhinein leid und ist mit ein Grund, warum ich das Zusammensein mit meinen Enkeln, bei dem es ausschließlich um deren Wohl und um Spaß geht, so genieße – und weil ich inzwischen weiß, wie flüchtig das Glück ist und wie schnell die Kleinen groß und selbstständig werden. Linus, inzwischen 8, kommt noch immer gern einmal pro Woche nach der Schule zu uns, aber wenn ein Freund mit ihm spielen will, muss Oma zurücktreten.

Als Linus, mein erster Enkel, 2013 geboren wurde, warteten die beiden Omas gespannt vor dem Kreißsaal auf den ersten Besichtigungstermin. Dann kam mein Sohn und brachte uns zu Mutter und Kind, und dieses kleine Wesen auf dem Bauch der Mutter löste bei uns ein überwältigendes Gefühl und auch ein paar Tränchen aus. Tränen der Rührung über dieses kleine Wunder und Tränen der Dankbarkeit, dass Linus gesund war. Linus krallte sich am Bauch der Mama fest und wehe, meine Schwiegertochter rührte sich, dann gab es gleich Protest. Dieser Wunsch nach intensiver Nähe ist lange geblieben. Linus war viel auf dem Arm, schlief die ersten sechs Jahre regelmäßig im Bett der Eltern. Sobald er laufen konnte, war er pünktlich nachts zur Stelle zur »Ménage à trois«.

Hilfe in der ersten Zeit

Wie kann man den jungen Eltern in der ersten Zeit eine Hilfe sein? Nach der Schwangerschaft ist es gerade in der Anfangsphase wichtig, dass man den Eltern ihren Alltag erleichtert. Aber auch physischer und seelischer Beistand, wenn die Mutter noch im Krankenhaus auf der Station ist, kann den jungen Eltern helfen, die große Belastung besser zu bewältigen. Es sind meis-

tens die kleinen Dinge, die der neuen Familie helfen, die schwierige Anfangszeit gemeinsam gut zu meistern. Der Einkauf von Lebensmitteln ist beispielsweise eine Möglichkeit. Wenn der Kühlschrank gefüllt ist und die Großeltern abends eine warme Mahlzeit kochen, kann der Familie schon geholfen sein. Auch Wäsche waschen, staubsaugen, bügeln oder putzen können den Alltag der Eltern erleichtern. Wenn es noch Geschwisterkinder gibt, kann deren Betreuung ebenfalls eine große Entlastung sein. Und über die mehrstündige Nähe freuen sich Groß und Klein gleichermaßen.

Wichtig ist es, miteinander zu reden, denn manchmal brauchen die Eltern auch einfach Ruhe und Zeit zum »Runterkommen«. Der Austausch von Gedanken und Wünschen kann Wunder bewirken und die Familienbeziehung stärken. Miteinander zu reden ist auch wichtig, um die gegenseitigen Erwartungen und Bedürfnisse zu klären. Manche jungen Mütter freuen sich über jede Unterstützung, andere möchten mit ihrer kleinen Familie in den ersten Wochen und Monaten allein sein und beweisen, dass sie alles ohne fremde Hilfe bewältigen können.

Ich erinnere mich noch genau. Bei meinem ersten Enkel Linus war meine Hilfe von den ersten Wochen an gewünscht und willkommen. Einmal pro Woche bin ich hingefahren, um drei Stunden den Kinderwagen durch die Gegend zu schieben. Meine Schwiegertochter war dafür sehr dankbar. Linus war ein sehr unruhiges Kind, sodass meine Schwiegertochter diese Zeit dafür genutzt hat, ein wenig Schlaf nachzuholen. Auch bei schlechtem Wetter wurde an meinem *jour fixe* nicht gerüttelt. Da Linus von Anfang an die Flasche bekam, konnte ich auch das Füttern übernehmen, sodass Mamas Pause nicht gestört wurde. Um auf der sicheren Seite zu sein, hatte ich zuvor einen vom Krankenhaus angebotenen Großeltern-Kurs besucht, um mich wickeltechnisch auf den neuesten Stand zu bringen. Es hat sich nicht viel verändert. Wenn die neue Windel untergelegt wird, werden die Beinchen schräg nach oben (in 14-Uhr-Position) gehalten, um die Wirbelsäule zu schonen.

Neu für mich war, dass Babys heute viel mehr getragen werden als früher. Dafür gibt es spezielle Tragetücher, in denen die Babys auch schlafen können, während Mama nebenbei zum Beispiel leichte Hausarbeiten erledigt. Man sieht es auch häufig auf der Straße: Das Baby ist auf dem Arm oder im Tuch, während der leere Kinderwagen geschoben wird. Dem Körperkontakt (Bonding) wird heute viel mehr Bedeutung beigemessen als zu Zeiten unserer eigenen Kinder.

Beim zweiten Enkelkind war es anders. Als mein jüngerer Sohn Vater wurde und Paula in unsere Familie kam, war ich in den ersten Monaten nur Zuschauerin. Nicht alle jungen Eltern freunden sich leichten Herzens mit dem Gedanken an, ihr Baby jemandem anzuvertrauen, und sei es nur für ein paar Stunden. So wollten die Eltern meiner Enkelin ihre kleine Familienidylle zunächst allein genießen und gaben die Tochter nur ungern aus der Hand. Und da die kleine Paula sehr pflegeleicht war und in den Stillpausen wunderbar schlief, war kein Ausfahren erforderlich. Mein Einsatz kam erst nach dem dritten Lebensjahr meiner Enkelin (die Familie hatte einige Zeit im Ausland verbracht). Wir verbrachten gemeinsame Spielenachmittage, und ich passte auch abends ab und zu auf sie auf. Da das gut klappte, wurde das Vertrauen der Eltern zu mir größer. Die Verbindung zum zweiten Enkelkind ist heute genauso intensiv wie zu Linus, und mit 6 Jahren traute sich Paula schließlich auch, hin und wieder bei uns zu übernachten.

»Nicht alle Eltern geben ihr Kind gern in die Obhut anderer.«

Oma als Babysitter

In vielen Familien ist Oma ein gefragter Babysitter, aber diese Position muss man sich erarbeiten. Die meisten Großeltern freuen sich, wenn sie tagsüber das Enkelkind einige Stunden betreuen dürfen. Dabei sollte man sich als Hilfskraft anbieten, Omas Ansichten zählen nur, wenn sie gefragt wird. Auch wenn Sie mit dem Enkelkind allein sind, möchten Ihre Kinder nicht, dass die Abläufe stark vom gewohnten Ritual abweichen. Das gilt für die Mahlzeiten und erst recht abends, wenn Sie das Kind ins Bett bringen.

Ich habe festgestellt, dass ich im Umgang mit meinen Enkeln sehr viel vorsichtiger bin als damals mit meinen eigenen Söhnen. Da habe ich über vieles gar nicht nachgedacht. Es klappte schon irgendwie. Heute bin ich stets auf der Hut: Wenn ich die 2-jährige Mathilde auf dem Arm halte und die Treppe hochgehe, ist eine Hand am Geländer. In der Wohnung und erst recht auf der Straße lasse ich meine Enkel nicht aus den Augen. Ich möchte nichts falsch machen, und ich möchte das erarbeitete Vertrauen der Eltern nicht aufs Spiel setzen.

Außerfamiliäre Hilfsangebote

Eine gute Alltagshilfe für frischgebackene Mütter bietet auch das Projekt »wellcome« der Evangelischen Familienbildungsstätten. Es wird sehr gern von Familien genutzt, deren Großeltern weiter weg wohnen und existiert inzwischen bundesweit an 231 Standorten. Das Angebot »wellcome – Praktische Hilfe nach der Geburt« richtet sich an alle Mütter, die im ersten Lebensjahr ihres Kindes unbürokratische Hilfe suchen. Soziale Herkunft und Einkommen spielen bei »wellcome« keine Rolle. Die Unterstützung ist auch unabhängig davon, ob man zum ersten Mal Eltern wird oder ob es bereits Geschwisterkinder gibt. Das Angebot »wellcome« entlastet alle Familien, die sich in dieser ersten Zeit Unterstützung wünschen. Hilfe erhalten die Mütter durch Ehrenamtliche (überwiegend ältere lebenserfahrene Frauen), die die Eltern im Alltag entlasten – so wie es sonst Familie, Freunde oder Nachbarn tun. Die sogenannten »wellcome-Engel« sorgen dafür, dass die Mutter des Babys zwei bis drei Stunden in der Woche zur Ruhe kommen, sich einmal ausschließlich dem Geschwisterkind widmen oder sich selbst einmal eine kleine Auszeit für einen Friseurbesuch, für Sport, zum Lesen oder Schlafen gönnen kann. Die Babys werden zum Beispiel spazieren gefahren, mit der Mutter zum Arzt begleitet oder zu Hause beaufsichtigt, wenn Mama beim Einkaufen ist. Eine fachlich geschulte Teamkoordinatorin steht den Ehrenamtlichen dabei stets zur Seite. Die Mütter zahlen für die Betreuung eine sehr geringe Aufwandsentschädigung pro Stunde. Das Angebot »wellcome« kann bis zum Ende des ersten Lebensjahres des Babys in Anspruch genommen werden. Danach gibt es die ebenfalls ehrenamtlich arbeitenden »Familienpaten« der Evangelischen Familienbildungsstätten zur Betreuung von Kindern von einem bis 3 Jahren.

Einige Zahlen

Sechs Millionen Deutsche passen regelmäßig auf ihre Enkel auf, damit die Eltern arbeiten gehen können. In der Coronakrise hat sich die Situation um die Kinderbetreuung deutlich verschärft, da Schulen und Kindertagesstätten immer wieder geschlossen hatten. Betreut werden mussten die Kinder trotzdem. Da blieb vielen Eltern nur übrig, auf die Unterstützung der Großeltern zurückzugreifen. Das Deutsche Zentrum für Altersfragen hat ausgerechnet, was diese Betreuungszeiten wirtschaftlich bedeuten. Im Schnitt kümmern sich Großeltern laut deren Angaben 456 Stunden im Jahr um ihre Enkelkinder. Das macht in Summe 2,7 Milliarden Stunden Betreuungszeit. Wenn man das mit dem aktuellen Mindestlohn entlohnen würde, kämen Lohnkosten von 25,7 Milliarden Euro zusammen. Das ist ein ordentlicher Batzen Geld, der die Staatskasse nicht belastet.

»Das Problem wird sich in den kommenden Jahren noch verschärfen. Denn die Lebensarbeitszeit steigt, und die Teilhabe der Frauen am Erwerbsleben auch. Mit 14 oder 15 Jahren brauchen die Enkel ihre Großeltern nicht mehr so sehr wie in ihren früheren Lebensjahren, in denen diese jedoch oft noch voll berufstätig sind«, erklärt Andreas Reidl, Wirtschaftswissenschaftler und Soziologe. Er bemängelt, dass aus politischer Sicht nichts dafür getan wird, um den Einsatz der Großeltern angemessen zu honorieren.

OMAS TAGEBUCH

Freude auf den gemeinsamen Vormittagsschlaf

Linus lacht. Oft. Er hat noch nichts Böses erlebt in seinem jetzt zehn Monate währenden Leben. Zunächst wird jeder Fremde aufmerksam angeschaut. Aber wenn der Fremde lächelt, gibt Linus dieses Lächeln unverzüglich zurück. Es ist eine Freude zu beobachten, wie dieser kleine Mensch beginnt, die Welt zu erobern. Wenn der kleine Linus gluckst und kräht und quietscht und vor Vergnügen mit den Beinchen strampelt, dann ist sein großes Gegenüber augenblicklich verzaubert – und muss auch lächeln.

Nur abends ist Schluss mit lustig. Wenn das Bett ruft, will der müde Linus manchmal nicht schlafen. Und wenn er eingeschlafen ist, hört man ihn drei Stunden später erneut krähen: Entweder ist der Schnuller verschwunden, ein neuer Zahn naht, er hat Durst oder …?

Das geht manchmal im Dreistundenrhythmus. Und das strengt die Eltern an, die den süßen Linus dann nur noch halb so süß finden. Die Nacht ist ohnehin kurz, denn spätestens um 6 Uhr sitzt Linus wieder aufrecht in seinem Bettchen. Er hat ausgeschlafen, macht »möh, möh« und will raus. Er guckt sein Gegenüber an – und strahlt. Und die müde Mama oder Oma kann dann gar nicht anders. Sie lächelt zurück – und freut sich schon auf den gemeinsamen Vormittagsschlaf.

»Nicht selten bringen die kurzen Schlafphasen der Babys die Eltern an die Grenzen ihrer Kräfte.«

KAPITEL 2

Was mein Enkelkind am Anfang braucht

Stillen oder Milchflasche? Schnuller oder lieber doch nicht? Und was ist, wenn die ersten Zähnchen kommen? Eines ist ganz wichtig: Ruhe bewahren und dem Baby somit Sicherheit und Geborgenheit schenken.

Ernährung

Jede Mutter, aber auch jede Großmutter will das Allerbeste für ihr Kind beziehungsweise Enkelkind, das ist wohl keine Frage. In Sachen Ernährung gibt es zwei Möglichkeiten, den kleinen Schatz in den ersten Monaten mit den wichtigsten Nährstoffen zu versorgen.

Viele Mütter fragen sich: »Soll ich mein Kind stillen oder lieber das von der Industrie produzierte, ebenso nahrhafte Milchpulver nehmen?« Damit müssen sich werdende oder frischgebackene Mütter am besten schon in der Schwangerschaft auseinandersetzen.

Heute ist die Fraktion der stillenden Mütter sehr viel größer als in den 1980er-Jahren, als ich junge Mutter war. Den ersten Sohn habe ich nur sechs Wochen gestillt, dann war es mit meiner Geduld vorbei. Alle zwei Stunden das Kind an die Brust zu legen war mir einfach zu viel. Beim zweiten Sohn habe ich fünf Monate durchgehalten, er war allerdings auch genügsamer, die Stillpausen betrugen rund 4 Stunden. Ich gebe zu, ich wollte auch wieder mein eigenes Ding machen können.

Heute wird nicht mehr bezweifelt, dass Muttermilch dem Baby den besten Start ins Leben bietet. Sie ist die perfekte Nahrung, immer vor Ort, stärkt das Immunsystem und enthält Antikörper gegen jede Infektion, die die Mutter durchgemacht hat. Studien belegen, dass das Stillen das Risiko senkt, an Asthma oder Allergien zu erkranken. Dass aber Ausnahmen die Regel bestätigen, weiß ich aus eigener Erfahrung: Meine beiden Enkelinnen Mathilde und Lena, eineiige Zwillinge von inzwischen 2 Jahren, wurden fast ein ganzes Jahr lang ausschließlich gestillt. Eine enorme Leistung meiner Schwiegertochter, denn Tag und Nacht gab es alle zwei bis drei Stunden Alarm, beide Babys hatten Hunger. Sie entwickelten sich prächtig, bekamen aber mit Beginn fester Nahrung roten Hautausschlag. Beide! Ein Test im Krankenhaus brachte Klarheit: Der Befund ergab eine Allergie gegen Eier, Nüsse und Soja. Beide Kinder sind seitdem mit einem Notfallset ausgestattet. Auch die Kindertagesstätte ist informiert und kann bei Atemnot (einem anaphylaktischen Schock) die lebensrettende Spritze (Adrenalin-Autoinjektor, der einem Kugelschreiber ähnelt) verabreichen.

Gut zu wissen

Auch der Mutter bietet das Stillen viele Vorteile: Es verbraucht etwa 500 Kalorien am Tag. Dabei wird das Hormon Oxytocin ausgeschüttet, das zur schnelleren Rückbildung der Gebärmutter führt. Laut Experten bietet das Stillen einen Schutz gegen Brust- und Eierstockkrebs und senkt das Herzinfarktrisiko. Wie das Stillen funktioniert, damit Mutter und Baby zufrieden sind, zeigen Krankenhausschwestern und zu Hause dann die Hebamme, die die Mutter noch einige Wochen begleitet.

Mein Rat heute: Nicht so schnell aufgeben, wenn es nicht gleich klappt. Der Milchfluss muss erst mal in Gang kommen. Fakt ist: Je mehr das Baby trinkt, desto mehr Milch wird gebildet, aber es dauert etwa 72 Stunden nach der Geburt, bevor die Milch »einschießt«. Wenn ein Baby viel schreit, bedarf es schon starker Nerven, da durchzuhalten und nicht sofort ein Fläschchen mit Milchpulver anzubieten. Gut zu wissen: Vor der richtigen Muttermilch produzieren die Brüste das sogenannte Kolostrum. Das ist eine klare, gelbliche Flüssigkeit. Sie sieht zwar wässrig aus, ist aber die ideale Nahrung für ein Neugeborenes.

Was macht man, wenn es mit dem Stillen partout nicht klappen will, weil das Baby sich weigert zu trinken, die Brüste zu sehr schmerzen, vielleicht sogar entzündet sind oder vielleicht nach einem Kaiserschnitt keine Milch einschießt? Dann heißt es Ruhe bewahren und den Papa oder die Oma zum Einkaufen von Milchpulver für Säuglinge schicken. Es gibt eine große Auswahl, und ausschließlich mit der Flasche ernährte Kinder können sich genauso prächtig entwickeln wie Stillkinder.

Flaschennahrung

Wenn Ihr Enkelkind die Flasche bekommt, sind Sie als Großmutter klar im Vorteil. Das Baby ist nicht ausschließlich von Mama abhängig, sondern auch Papa oder Oma und vielleicht auch ein engagierter Opa können sich einbringen und dem Kind seine Mahlzeiten anbieten. Was für ein Glücksgefühl: Das Enkelkind im Arm zu halten, es zu füttern und immer nur anzuschauen. Schon nach wenigen Wochen guckt das Baby dann zurück, und es entsteht eine wunderbare Nähe. Natürlich dauert es seine Zeit, bis das Fläschchen leer getrunken ist, aber das ist ja gerade der Vorteil von Großeltern: Sie haben diese Zeit, genießen die Nähe, und in diesem Augenblick gibt es für sie auch nichts Wichtigeres zu tun.

Ein weiterer Pluspunkt für Omas: Man hatte vorher keine Arbeit. Welche Flasche und welche Sauger die besten für das Kind sind und wo das Milchpulver gekauft wird, entscheiden die Eltern. Damit müssen Sie sich nicht befassen, wohl aber mit den Hygienevorschriften. Die Fertigmilch kommt direkt aus der Packung/Dose in die sterile Flasche, die nach Gebrauch dann wieder sterilisiert werden muss, um das Baby vor Infektionen zu schützen. Man kann die Flasche auskochen oder einen Dampfsterilisator benutzen – die favorisierte Methode wird Ihnen Tochter oder Schwiegertochter gern zeigen. Der Sauger sollte nicht zu tief im Mund des Babys stecken und frei von Luft sein. Wenn Ihr Enkelkind weiter trinken will, obwohl die Flasche leer ist, schieben Sie behutsam Ihren kleinen Finger in seinen Mundwinkel, damit es das Fläschchen loslässt.

Immer gelassen bleiben

Erinnern Sie sich an damals? Diese kleinen Tricks wird Ihnen sicherlich auch die Mama des Babys wieder mitteilen, die bei der ersten Fütterung das Vorgehen der Oma mit kritischen Blicken verfolgen wird. Junge Eltern sind sehr vorsichtig und haben scheinbar vergessen, dass sie die Kinder der Oma ihres Kindes sind und bisher wunderbar und gut behütet durchs Leben gekommen sind. Da muss man sich als Oma manchmal zurücknehmen, um sich über solch eine Fürsorge nicht lustig zu machen oder auf die Bevormundung gar empört zu reagieren. Auf manche Ermahnung der jungen Mama reagiert man am besten mit einem schweigenden Lächeln. Hauptsache, dem Baby geht es gut. Das ist doch das Ziel aller beteiligten Familienmitglieder.

Abstillen

Spätestens nach einem Jahr beginnt in der Regel das Abstillen, und auch das mit Milchpulver angerührte Fläschchen mit Pre-Nahrung genügt dem Baby schon lange nicht mehr. Bereits ab fünf, sechs Monaten kann Breikost zusätzlich zur Milch gefüttert werden, entweder im Fläschchen mit entsprechendem Sauger (das ist bequem) oder gleich von Beginn an mit dem Löffel – was Experten empfehlen.

Rezepte für Beikost gibt's im Internet oder in Büchern. Wichtig: Keine Zutaten ungewaschen verwenden und auf die richtige Temperierung des Breis achten, am besten mit dem Löffel an der eigenen Oberlippe testen. Man beginnt mit Gemüsebreien, die püriert wurden. Später kann die Nahrung dann etwas gröber sein. Außerdem bietet man weiche Nahrung an, die das Kind mit dem Finger greifen kann, zum Beispiel Himbeeren oder Rosinen. Mit der Zeit lässt sich das Angebot immer mehr erweitern, ab einem Jahr können die Kinder fast alles essen, natürlich kindgerecht zubereitet und portioniert.

Tipp

Das Bundesministerium für gesundheitliche Aufklärung rät:

Geben Sie Ihrem Kind reichlich zu trinken, am besten Wasser oder andere ungesüßte Getränke. Verwenden Sie reichlich pflanzliche Lebensmittel wie Gemüse, Obst, Getreide und Getreideprodukte sowie Kartoffeln. Bieten Sie nur in Maßen tierische Lebensmittel an, wie Fleisch, Wurst, Fisch und Eier, aber auch Milch und Milchprodukte wie Käse, Quark und Joghurt. Seien Sie sparsam mit Salz, Zucker, Süßigkeiten, Snackprodukten und fettreicher Kost. Dies gilt insbesondere für fettreiche Produkte mit einem hohen Anteil an gesättigten Fettsäuren, wie zum Beispiel Schokocreme.

Vom Brei zum Löffel

Es ist typisch für Babys, dass sie ihre Flasche selber halten möchten. Der Wunsch, selbstständig zu essen, stellt Kind und Eltern bei der ersten festen Nahrung wie Gemüsebrei vor eine echte Herausforderung. Den Löffel selbst zu halten und zum Mund zu führen ist für ein Kleinkind nicht einfach. Noch wird gekleckert, und es dauert, bis das Essen wirklich im Mund landet. Speziell geformte Teller und Löffel machen jetzt die Nahrungsaufnahme leichter, auch wenn vielfach noch die Hände zu Hilfe genommen werden. Da wird schon mal ins Essen gepatscht. Ein freundlicher Hinweis, dass Oma und Opa auch nicht mit dem Löffel in die Speisen schlagen, darf gelegentlich durchaus sein.

Wie viel Nahrung braucht mein Enkel?

Für Kinder bis zu 3 Jahren gilt folgende Faustformel: jeweils ein Esslöffel von mindestens drei der wichtigen Nahrungsmittelgruppen: Milchprodukte, Obst, Gemüse, Eiweiß und Kohlenhydrate. Kinder brauchen keinen großen, vollen Teller, um satt zu werden. Stattdessen benötigen sie häufiger kleinere Mahlzeiten, um ihre Energiespeicher erneut aufzufüllen. Es sollte nicht jeden Tag Fleisch geben. Zwei bis drei kleine Fleischmahlzeiten in der Woche sind ausreichend, sonst kommen zu viele tierische Fette auf den Teller. Am gesündesten kocht man selbst für sein Kind. Nur dann weiß man, was im Essen steckt. Tiefkühlpizza sollte die Ausnahme sein.

Obst und Gemüse sind gesund und sollten am besten fünfmal am Tag angeboten werden. Eine Handvoll davon reicht bei jeder Gabe. Mein Tipp: Reichen Sie Obst und Rohkost als Zwischensnack: kleine Apfelstücke, Obstspieße, klein geschnittenes Gemüse als »Fingerfood«. Fisch ist bei Kindern oft ein Problem. Trotzdem sollte sich einmal in der Woche Fisch auf dem Teller finden. Hier sind auch durchaus die grätenfreien Fischfilet-Produkte wie Fischstäbchen und Co. in Ordnung. Diese sind besser als gar kein Fisch.

Milch ist ein Muss

Zähne und Knochen brauchen Kalzium – und das steckt in der Milch. Am besten morgens zum Frühstück – entweder als Getränk oder ins Müsli. Wenn Ihr Enkelkind keine pure Kuhmilch mag, bieten Sie Joghurt oder Quark an. Zuckerhaltige Nahrung und Süßigkeiten sollten Kindern unter einem Jahr gar nicht angeboten werden – dann vermissen sie sie auch nicht. Vorsicht: Auch in Obst ist eine Menge Zucker enthalten. Laut Ernährungsexperten sollte bei der Zufuhr von Kohlenhydraten ebenfalls auf Zucker verzichtet werden. Alternativen zu Weißmehl sind Vollkornbrot, Dinkelnudeln und Haferflocken.

Natürlich sollte auch das Naschen nicht ganz verboten werden, seien es altersgerechte Kekse, Burger, Pudding oder Schokoladenkuchen. Hin und wieder sollten Kinder auch Ungesundes essen dürfen. Dies nimmt die Strenge aus dem Thema Ernährung und verhindert Heißhungerattacken. Und Essen soll ja schließlich auch ein Genuss sein.

Rezepte

- ***Pastinakenbrei (ab 6 Monaten):***
  100 g gewaschene, geschälte und klein gewürfelte Pastinake in 150 ml frischem Trinkwasser weich kochen und pürieren.

  20 g angerührten Bio-Getreidebrei (ca. 6–7 EL) mit 1 TL raffiniertem Rapsöl (ca. 4–5 g) in einem Teller mischen, den noch warmen Pastinakenbrei hinzugeben und alles verrühren.

  Wenn der Brei zu fest ist, etwas frisches, abgekochtes Trinkwasser hinzufügen.

- ***Süßkartoffel-Kürbis-Brei (7 bis 12 Monate):***
  50 g Süßkartoffel und 50 g Hokkaido-Kürbis waschen, schälen, klein schneiden.

- *Gemüsewürfel in frischem gekochtem Trinkwasser dünsten, bis sie weich sind, anschließend alles pürieren.*

- *Getreidebrei laut Packungsangabe anrühren, bei milchfreier Variante noch 1,5 TL Rapsöl dazugeben.*

- ***Selbst gemachte Fischstäbchen (ab 1 Jahr):***
  2 Kabeljaufilets (ca. 300 g), 100 g Semmelbrösel, 100 g Mehl, 2 Eier, 1 EL Milch, 1 Prise Salz

  Den Fisch waschen, in Stäbchen schneiden (Achtung Gräten!), erst in Mehl, danach in mit der Milch verquirltem Ei und zum Schluss in Paniermehl wenden. Die Stäbchen mit Butter in der Pfanne braten. Dazu Spinat und Kartoffeln.

Es gibt eine Vielzahl an Ratgebern und Kochbüchern für Babys und Kleinkinder, in denen Sie Rezepte und Anregungen finden, wie Sie die Kleinsten gesund ernähren und mit einer Vielzahl von Aromen und Konsistenzen vertraut machen.

Pflege

Wickeln, baden, pflegen – ein Baby braucht viel Aufmerksamkeit und kann Mama oder Oma rund um die Uhr auf Trab halten.

Um einen wunden Po zu vermeiden, müssen die Windeln regelmäßig gewechselt werden. Damit die Haut nicht austrocknet, sollte das Baby nicht zu oft gebadet werden – einmal pro Woche für maximal 10 Minuten reicht vollkommen aus, so die Experten heute. Vor 30 Jahren gehörte tägliches Baden zum Pflichtprogramm. Die ideale Badetemperatur liegt bei 37 Grad. Badewanne oder Waschbecken sollten so gefüllt werden, dass der Boden gut bedeckt und das Kind etwa zu drei Viertel im Wasser ist.

»Wickeln und baden: ein großes Vergnügen für Oma und Baby«

Ein Shampoo ist in der ersten Zeit nicht notwendig. Ab wann das Baby überhaupt gebadet wird, entscheiden die Hebamme oder der Kinderarzt. Oftmals wird das Baden erst erlaubt, wenn die Nabelschnur komplett abgefallen ist. Ob zusätzlich Creme oder Lotion erforderlich sind, entscheidet die Mama nach Zustand der Babyhaut. Bevor Sie Ihr Enkelkind das erste Mal baden, sollten Sie es sich von Tochter oder Schwiegertochter noch mal zeigen lassen. Es ist ja meist zwei bis drei Jahrzehnte her, dass man die eigenen Kinder gebadet hat.

Gesicht und Füße sollten morgens und abends mit warmem Wasser und einem Waschlappen, der täglich gewechselt wird, gewaschen werden. Und wenn die ersten Zähnchen durchblitzen, gehört das Putzen morgens und abends zum täglichen Pflegeprogramm.

Legen Sie alles bereit!

Ganz wichtig beim Wickeln und Baden: vorher alles bereitlegen – Windel, Unterlage, Feuchttücher, Tuch zum Abtrocknen und Creme für den Po. Wenn Sie das Baby auf dem Wickeltisch wickeln, dann lassen Sie es bloß nicht aus den Augen. Immer wieder hört man, dass Babys vom Tisch gefallen sind, weil sie sich plötzlich allein drehen konnten – was gestern doch noch nicht der Fall war! Das ist wohl der schlimmste Albtraum für Großeltern: Wenn unter ihrer Obhut ein Unfall mit dem Enkelkind passiert.

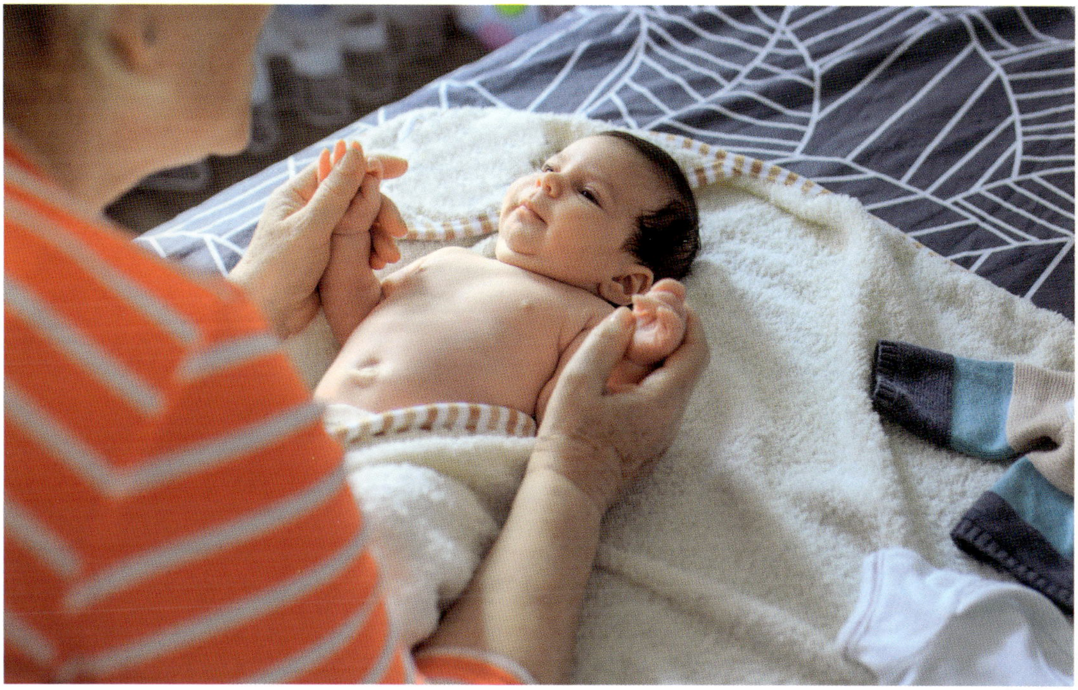

Also immer 150-prozentige Aufmerksamkeit einbringen. Auch Müll und Wickelutensilien sollten erst weggeräumt werden, wenn Ihr Enkel wieder einen sicheren Platz im Bett oder auf dem Fußboden hat.

Trotz aller zu treffenden Vorkehrungen und Vorsichtsmaßnahmen halten das Wickeln und Baden für Oma und Kind einen großen Spaßfaktor bereit. Anstrengender wird es, wenn das Kind älter und wendiger wird – und absolut keine Lust hat, ruhig auf dem Wickeltisch zu liegen, während Oma sich mit der Windel abmüht. Da bedarf es manchmal geschickter Ablenkung. Geben Sie Ihrem Enkelkind ein Teil in die Hand, das nicht zum üblichen Spielzeug gehört, eine Cremedose oder die Haarbürste, dann ist das »Wickelopfer« erst mal damit beschäftigt, etwas Neues zu entdecken.

OMAS TAGEBUCH

Der weiße Teppich

Linus entwickelt sich langsam zum Lausbub. Mein 18 Monate alter Enkel kann inzwischen schon ziemlich viel. Nützliches, aber eben auch Unnützes. Er ist mit den Feinheiten noch nicht so vertraut und kopiert die Erwachsenen nach seinen Möglichkeiten mehr oder weniger erfolgreich, aber immer so, dass man über diesen kleinen Kerl lachen oder staunen muss. Beispiele? Linus hält gern seine Trinkflasche kopfüber auf den Tisch, bis es ´raustropft, vorzugsweise Karottensaft. Danach aber holt er ganz schnell ein Tuch, um den Tisch abzuwischen und das Tuch dann ordnungsgemäß im Mülleimer (den für das Altpapier) zu entsorgen. Linus weiß, wie der Staubsauger angeht (um ihn dann zu schieben), schaltet treffsicher unseren Radiowecker ein und aus und holt den Handfeger aus der Küche, wenn sich seine Kekskrümel überall verteilt haben. Alles wird mit einem erstaunten »Oh« begleitet. An der effektiven Wischtechnik muss allerdings noch gearbeitet werden. Dass seine Babycreme zum Eincremen da ist, hat er auch begriffen. Da waren seine Beobachtungen allerdings zu ungenau. Als ich kürzlich für zwei Minuten das Zimmer verließ, um seine Windel zu entsorgen, gab es bei der Rückkehr eine weiße Bescherung: Linus hatte inzwischen ein Stück Teppich eingecremt.

Noch mehr Pflege

Auch wenn Oma eigentlich nicht fürs Nägelschneiden zuständig ist, könnte sie doch einmal in die Verlegenheit kommen, Hand anzulegen. Da ist es gut zu wissen, wie es geht. Meine Schwiegertochter hat die Nägel in den ersten Monaten gekürzt, während meine Enkelin schlief. Vorsichtig wurden einzeln die kleinen Fingerchen in die Hand genommen und die Nägel behutsam gefeilt. Mit einer abgerundeten Schere ist es auch ganz einfach, wenn Sie das Kleine auf dem Schoß haben. Idealerweise sollte der Nagel horizontal mit der Fingerkuppe abschließen. Alles, was übersteht, kann abgeschnitten werden, doch niemals mehr als der weiße Teil des Nagels. Das tut weh, man weiß es aus eigener Erfahrung, und Ihr Enkel verliert das Vertrauen zu Ihnen.

Haare müssen in den ersten Monaten gar nicht geschnitten werden. Sollte der Pony zu lang sein, kann dies mit einer speziellen Haarschneideschere behoben werden, aber das ist Mamas Sache – oder fällt es in Papas Zuständigkeit?

Trost & Beruhigung

Im Alter wird man ruhiger, sieht vieles gelassener und lässt sich nicht mehr so leicht aus der Fassung bringen. Viele Großeltern gehen das Leben entspannter an als die Eltern kleiner Kinder.

Großeltern haben in der Regel auch weniger Sorgen als junge Eltern: Sie müssen nicht mehr arbeiten und täglich früh aufstehen, können freier über ihre Tage verfügen und haben in der Regel keine finanziellen Sorgen. Das wirkt sich aus. Großeltern strahlen Ruhe und Gelassenheit aus. Sie haben mehr Zeit für kreative Beschäftigung und können im Umgang mit ihrem Enkelkind oft unbeschwerter sein als die Eltern.

Streicheln und Trost sind ganz wichtig für kleine Babys. Wenn sie schreien, brauchen sie Berührung und Beruhigung. Dann werden die Wachstumshormone aktiv. Natürlich ist es wichtig, das Weinen eines Babys richtig einzuordnen: Wenn ein Baby abends vor dem Einschlafen nur einige Minuten weint und dann einschläft, ist das gut auszuhalten, das Weinen kann zum Einschlafritual gehören. Aber ein Baby über längere Zeit schreien zu lassen, bis es erschöpft in den Schlaf fällt, finde ich grausam. Es bedeutet Stress fürs Baby und kann die Gehirnentwicklung beeinträchtigen, so auch die Meinung von Experten.

Bei Stress wird das Gehirn von dem Hormon Cortisol überschwemmt statt von den beruhigenden Hormonen Serotonin und Dopamin. Körper und Gehirn sind im Alarmzustand. Ich bin der festen Überzeugung: Ein Baby braucht Eltern und Großeltern, die ihm helfen, sein Gleichgewicht wieder herzustellen.

Großeltern haben Zeit und Geduld

Auch Kleinkinder spüren die Ruhe der Großeltern. Sie genießen es, auf dem Schoß der Oma zu sitzen, gestreichelt zu werden, gemeinsam ein Buch anzuschauen, einen ganzen Regennachmittag allein mit Oma oder Opa mit Duplosteinen oder der Holzeisenbahn zu spielen. Mein Enkel Linus war ab Beginn der Krippenzeit einmal wöchentlich über Nacht bei uns. Und für ihn war schnell klar: Meine Oma ist nur für mich da, immer. Er mochte nicht gern allein spielen, und somit waren es für mich zwei »arbeitsintensive« Tage. Da mein Mann in dieser Zeit die Küche übernahm, war für Linus schnell klar: Opa ist der Koch. Mit 4 Jahren war die erste Frage, wenn Linus von mir aus der Kita abgeholt worden war und wir das Haus betraten: »Opa, was essen wir heute?« Er setzte noch einen drauf, als wir mit dem Essen fertig waren, und ich abräumen wollte. Sein Kommentar: »Lass mal. Das kann Opa machen, wir wollen spielen.« Wenn Linus heute aus der Schule zu uns kommt, wird er vorher von Opa gefragt, was er essen möchte. Linus hat genaue Vorstellungen, und es muss immer einen Nachtisch geben. Auch dieses Ritual ist Nahrung für die Seele.

Tipp

Das hilft weinenden Babys

Streicheln Sie das Händchen, schaukeln Sie das Baby sanft auf dem Arm, massieren Sie Bauch und Rücken, gehen Sie mit ihm spazieren.

Und wenn alles nichts hilft: Mama oder Papa anrufen!

OMAS TAGEBUCH

Märchen sind nichts für zarte Kinderseelen

Das Lied von Hänsel und Gretel war Linus' Lieblingslied. Immer wieder haben wir es gesungen – im Auto, beim Spazierengehen und auch abends vor dem Einschlafen. Mein fast dreijähriger Enkel kann schon gut die Melodie halten. Um die Worte zu verstehen, bedarf es manchmal etwas Übung.

Und dann hatte Oma die Idee, das Lied bei YouTube anzuklicken. Gezeigt wird ein kleiner Zeichentrickfilm, der mit dem Lied unterlegt ist. Niedlich, fand ich. Aber seitdem Linus diesen Film einmal gesehen hat, haben Hänsel und Gretel Hausverbot. Dass Hänsel in den Ofen geschoben und gebraten werden soll, ist nichts für zartbesaitete Kinderseelen. Ich habe den Lied-Test mehrfach gemacht. Ich bin noch gar nicht bei Gretel angekommen, dann kommt schon ein energisches »Nein, nein, Oma!«. Fazit: Märchen sind ganz schön grausam, das hat man früher wohl anders gesehen. Die CD mit besagtem Lied ist schon längst im Müll gelandet.

Gesunder Babyschlaf & die ersten Zähnchen

Es gibt Kinder, die lange und viel schlafen, andere werden immer wieder wach und weinen. Sie schlafen am besten ein, wenn sie getragen werden.

Die ersten Monate schläft das Baby am sichersten nachts im Beistellbett im Schlafzimmer der Eltern (dann ist Omas Zeit noch nicht gekommen). Und tagsüber? Der Mensch ist ein »Rudeltier«. Das Baby braucht Stimmen und Geräusche und die Gewissheit, dass jemand in der Nähe ist. Auch von Geschwisterlärm lässt es sich nicht vom Schlafen abhalten. Es soll sogar kontraproduktiv sein, wenn Mama oder Papa besonders leise sind, und dazu führen, dass ein Kind später besonders lärmempfindlich ist und bei jedem Geräusch schnell wach wird. Klingt eigentlich logisch. Am sichersten schläft das Baby im Schlafsack, natürlich in passender Größe. Ist der Schlafsack zu groß, besteht die Gefahr, dass das Baby hineinrutscht und erstickt. Das ist auch der Grund, warum man Babys nicht mit einer Bettdecke zudecken soll. Sicherste Schlafposition: in Rückenlage.

Schlafrituale

Schlafrituale sind etwas ganz Wichtiges und sollten früh begonnen werden. Babys brauchen immer denselben Tagesrhythmus. Das gibt ihnen Sicherheit, denn die immer gleiche Abfolge von Schlafen, Essen und einer Wachphase mit »Spielen« schafft Vertrauen. Vor allem abends können Rituale auf die Nacht vorbereiten und das Einschlafen erleichtern.

Wenn mein Enkel Linus bei uns war, gab es einen festen Fahrplan nach dem Abendessen: Ausziehen, Waschen, Zähneputzen, dann Vorlesen, Singen (mindestens drei Lieder, das letzte war immer »Der Kuckuck und der Esel«), zum Schluss Rückenkraulen. Bis kurz vor der Einschulung blieb ich an seinem Bett sitzen, bis Linus schlief – das gab ihm Sicherheit und tat ihm gut. Für mich war dieses Ritual manchmal etwas nervig, wenn es nämlich etwas länger dauerte mit dem Einschlafen. Manchmal woll-

OMAS TAGEBUCH

Atemlos durch die Nacht

Jetzt weiß ich endlich, was sie meint, unsere Schlager-Helene, wenn sie »atemlos durch die Nacht« rauscht. Ich habe es kürzlich nachts selbst erlebt. So richtig gekribbelt hat es allerdings nicht. Es begann damit, dass für meinen Enkel Linus die Nacht um 5.30 Uhr beendet sein sollte. Zumindest in seinem Bett, er wollte unbedingt mit mir das Kopfkissen teilen. Für konsequente Erziehung war es ja noch viel zu früh, und so trug ich ihn in mein Bett.

Und dann ging es auch schon los mit der Atemlosigkeit. Während Linus augenblicklich wieder einschlief, war für mich die Nachtruhe nämlich vorbei: Entweder lag er mit seiner Nase dicht an meiner Wange und pustete mir ins Gesicht (süß, aber unpassend), oder die kleine Wühlmaus drehte sich, und ich hatte den uringetränkten Windelpopo in Riechweite und seine kleinen Füße am Hals. Beides keine optimalen Voraussetzungen für einen gesunden Schlaf. Mir stockte im wahrsten Sinne des Wortes der Atem. Dass unsere Helene das gut findet, kann ich kaum glauben – oder habe ich ihre Botschaft missverstanden?

te ich mich aus dem Zimmer schleichen, war kaum an der Tür, da rief Linus »Oma?« – und ich musste zurück. Ich war sehr geduldig. Sein Enkelkind zu verwöhnen, ist ja schließlich auch Nahrung für die Seele.

Müdigkeit erkennen

Woran erkenne ich, dass mein Enkel müde ist? Die meisten Babys zeigen es: Wenn Ihr Baby den Blick abwendet, gähnt, glasige Augen hat oder – wenn es schon etwas älter ist – sich die Augen reibt, ist es Zeit für eine Ruhepause oder ein Schläfchen. Auch wenn Ihr Kind das Interesse am Spiel verliert, sein Blick starr wird und länger an etwas hängen bleibt, ist es müde. Oder das Baby versucht krampfhaft wach zu bleiben, runzelt die Stirn, reißt die Augen auf und ballt die Fäustchen. Zeichen der Müdigkeit sind auch, wenn die Bewegungen älterer Kinder langsamer und unkoordinierter werden und das Kind Ihre Nähe sucht und kuscheln möchte. Manche Babys schlafen auch plötzlich von einer Minute auf die andere ein. Eltern und auch Großeltern lernen die Signale ihres Babys schnell zu deuten.

Die ersten Zähne

Wenn die ersten Zähne kommen, wird es spannend. Neben den typischen Erkrankungen von Babys und Kleinkindern wie Fieber, Durchfall, Ohrenschmerzen oder Erkältungen ist dies eine neue Herausforderung für Eltern und Großeltern. Aber keine Sorge: Der Durchbruch der Zähne ist keine Krankheit, sondern ein natürlicher Vorgang wie Wachsen oder Laufenlernen, so die Stiftung Kindergesundheit. Es vergehen von der Geburt an gerechnet durchschnittlich sieben Monate, bis ein Baby seinen Eltern zum ersten Mal die Zähne zeigt: Meistens blitzen die unteren Schneidezähne zuerst durch. Und es dauert dann oft noch einen weiteren Monat, bis das Kind einen weiteren Zahn zulegt. Danach geht es Zahn auf Zahn: Nachdem auch die oberen Schneidezähne erschienen sind, kommen mit etwa 12 Monaten die ersten Milchbackenzähne dazu, mit 16 bis 20 Monaten die Eckzähne und mit 20 bis 24 Monaten die zweiten Backenzähne.

Normalerweise wachsen die Milchzähne ohne Verletzung der Schleimhaut durch das Zahnfleisch. Der Zahndurchbruch kann aber auch mit Begleiterscheinungen verbunden sein, die für Stress in der Familie sorgen: Das Baby wird unruhig, gereizt, weinerlich und missgelaunt. Die Schleimhaut im Mund kann sich röten oder bläulich verfärben. Die Kinder sabbern mehr und reiben am gereizten Zahnfleisch. Die Körpertemperatur geht leicht in die Höhe. Bei meinen Enkelkindern war das Zahnen kein großes Problem, ein bisschen Mattigkeit, ein bisschen Fieber, und langsam reihten sich die weißen Perlen aneinander und machten das Kinderlachen noch bezaubernder.

Schnuller: Ja oder Nein?

Viele Säuglinge, aber auch Kleinkinder haben einen Schnuller, manchmal sehr lange. Unter Fachkräften wird der Einsatz kontrovers diskutiert: Stillexperten betrachten ihn meist kritisch, insbesondere wenn er schon in den ersten Tagen nach der Geburt eingesetzt wird. Manche Mediziner halten ihn hingegen für un-

verzichtbar, und die Industrie hat ein großes Interesse am Verkauf und bietet zahlreiche Formen an. In diesem Spannungsfeld bewegen sich junge Eltern, die sich für oder gegen einen Schnuller entscheiden. Befürworter meinen, dass das Saugen beruhigt, schmerzlindernd wirkt und beim Einschlafen hilft; es tröstet und erleichtert außerdem die Aktivierung des Verdauungssystems.

Nicht gestillte Kinder sollten zum Einschlafen einen Schnuller erhalten, sofern das Baby ihn gern akzeptiert. Keinesfalls soll er aufgezwungen werden und auch nicht erneut in den Mund gesteckt werden, wenn er herausgefallen ist. Damit der Gebrauch des Schnullers keinen langfristigen Schaden am Kiefer verursacht, sollte der Schnuller abgesetzt werden, wenn Ihr Enkelkind etwa 2 Jahre alt ist oder eventuell bereits vorher, wenn das Kind anfängt zu sprechen und zu kauen. Dieser Zeitraum hat sich in Untersuchungen bewährt. Grundsätzlich wird empfohlen, nicht aus Bequemlichkeit bei jeder Gelegenheit zum Nuckel zu greifen, sondern diesen dosiert einzusetzen. Ganz wichtig: den Schnuller vor dem ersten Gebrauch auskochen und dies auch danach regelmäßig wiederholen. Mein Enkel Linus hatte viele Schnuller. Um ihn nachts zu beruhigen, haben sie nicht so richtig genutzt. Wenn er aufgeregt war, brauchte man ihn nur auf dem Arm zu tragen, dann war Ruhe – auch ohne Schnuller. Mit 2 Jahren hat er ihn dann freiwillig hergegeben – im Austausch gegen einen großen Spielzeug-Traktor – und nie wieder danach gefragt.

OMAS TAGEBUCH

Schnuller-Weitwurf

In unserem Haus gibt es seit Kurzem eine neue Sportart. Die wird wöchentlich ausgeübt, wenn Enkel Linus bei uns übernachtet. Der Kleine ist gerade ein Jahr alt geworden, beginnt alles nachzumachen und hat inzwischen schon ganz gut erkannt, mit wem er sich welchen Spaß erlauben kann. Worte bedarf es dazu natürlich nicht.

Es ist eine eher ungewöhnliche Disziplin: Schnuller-Weitwurf. Das geht so: Wenn Schlafenszeit ist, gehören stets vier Schnuller zur Ausrüstung. Kaum habe ich den kleinen Mann in sein Bettchen gelegt, steht er flink wieder auf, schaut mich schelmisch an und wirft einen Schnuller aus dem Bett. Und dann wackelt er fröhlich am Gitter und wartet ab, was passiert. Ich muss dann lachen, denn nun kommt mein Part ins Spiel: Schnuller aufsammeln, manchmal aus irgendeiner Ecke, das Gummiteil wieder bei Linus einstöpseln und ihn erneut hinlegen. Wenn der kleine Linus sehr müde ist, gibt er bereits nach dem ersten Mal auf. Wenn nicht, geht's in die zweite oder auch dritte Runde mit dem Schnuller-Weitwurf. Macht aber nichts. Das hält mich fit – und schließlich ist der kleine Linus sooo süß.

KAPITEL 3

Großeltern-Zeit

Bindung und Sicherheit sind mit das Wichtigste, das Sie Ihrem Enkelkind vermitteln können, ob als Baby auf dem sicheren Arm der Oma oder beim Spielen in Haus und Garten. Und es gibt so viele einfache Spielideen, um mit den Enkeln richtig Spaß zu haben.

Die Bedeutung sicherer Bindung

Ihr Enkelkind hat die besten Großeltern der Welt verdient. Diese Aufgabe zu erfüllen ist gar nicht so schwer.

Das habe ich mit der Geburt des ersten Enkels selbst erfahren. Dieses kleine wonnige Wesen, das da plötzlich in der Wiege liegt und sogleich zur Nummer 1 der Familienhierarchie wurde, brachte in mir neue Saiten zum Klingen. Eigenschaften, die sicherlich schon immer da waren, aber bei meinen Kindern nicht in dieser Stärke in Erscheinung traten. Lebenserfahrung, Gelassenheit und vielleicht auch eine gewisse Altersmilde machten mich zu einem sehr geduldigen Menschen, der alles tun würde, um seine Enkelkinder zu schützen.

Direkt nach der Geburt wird das Neugeborene in der Regel auf den Bauch seiner Mutter gelegt, wo es ihren Herzschlag hören, ihre Wärme spüren und ihren Geruch wahrnehmen kann. Man nennt dies »Bonding«. Dieser erste Kontakt außerhalb des Mutterleibs ist wichtig für das Kind und die Bindung zu seiner Mutter. Das heißt aber natürlich nicht, dass ein späterer erster Kontakt zwischen Mutter und Kind (zum Beispiel bei Frühgeburten und der daraus folgenden Verlegung des Kindes in eine Kinderklinik) sich zwangsläufig negativ auf die Mutter-Kind-Beziehung auswirkt. In solchen Fällen sind jedoch Zeit und sehr intensive Zuwendung nötig, um das Versäumte nachzuholen.

Von seinem ersten Lebenstag an ist das Verhalten eines Kindes darauf ausgerichtet, sich an einen erwachsenen Menschen zu binden. Für seine Entwicklung ist das lebenswichtig, denn diese kann nur positiv verlaufen, wenn das Kind von Anfang an die Erfahrung einer engen, warmherzigen und beständigen Gefühlsbeziehung machen kann. Sie gibt dem Kind die Sicherheit, auf die es bei der Erkundung der Welt angewiesen ist.

So wichtig ist die erste Zeit

Bereits in den ersten Lebenswochen festigt sich die Bindung zwischen Groß und Klein. Sie ist das Fundament einer guten Entwicklung. Sowohl das psychische als auch das organische System eines Babys wird dadurch geprägt, wie viel Stress es erlebt und wie es diesen bewältigt. Es braucht die Hilfe von Eltern und Großeltern, um sein Gleichgewicht wieder herzustellen und den Stress abzubauen. Um die Bindung zum Baby aufzubauen und zu stärken, bedarf es des feinfühligen Eingehens auf die kindlichen Be-

dürfnisse. Leise Ansprache, Trost und Nahrung nach Bedarf schenken dem Enkelkind innere Sicherheit, und sein Vertrauen zu den Bezugspersonen wird immer größer. Mein Mann und ich haben Glück, weil beide Söhne mit ihren Familien im Umkreis von 30 Kilometern wohnen. Ein kurzer Besuch (niemals unangemeldet) ist also fast immer möglich.

Während früher die Mutter als einzige Bezugsperson des Kindes galt, hat sich diese Sichtweise aufgrund geänderter Lebens- und Arbeitsbedingungen geändert. Papa, Oma, Kita-Erzieherin oder Tagesmutter können weitere wertvolle Bezugspersonen sein, denen das ältere Kind (etwa ab einem Jahr) gleichermaßen vertraut. Es lernt sehr schnell, eine Bindung zu mehreren Personen aufzubauen, und wenn es noch älter ist, weiß es die Klaviatur der Beziehungen gut zu nutzen. Es hat erfahren, dass Mama oder Oma oder die Erzieherin unterschiedlich ticken und lernt schnell, seinen Vorteil daraus zu ziehen. Beispiel: Wenn Linus bei uns war, blieb ich bis zum Einschlafen bei ihm sitzen. Die andere Oma brachte ihn ins Bett, ging dann raus, ließ aber die Tür einen Spalt offen. Linus akzeptierte beide Variationen, bestand bei mir aber auf das »Ansitzen«.

Frühe Bindungserfahrungen
Um 1970 formulierte der britische Kinderarzt und Kinderpsychiater John Bowlby (1907–1990) seine Bindungstheorie in verschiedenen Arbeiten, die bis heute in der Entwicklungspsychologie anerkannt sind. Die Bindungstheorie besagt, dass Menschen ein angeborenes Bedürfnis haben, enge Beziehungen zu Mitmenschen aufzubauen. Demzufolge entwickeln Babys und Kleinkinder im Umgang mit ihren Bezugspersonen verschiedene Arten von Bindungen. Sicher gebundene Kinder haben auch später im Leben einen guten Zugang zu ihren Gefühlen und können sie angemessen ausdrücken, besitzen Respekt und Empathie. Dazu bedarf es Körperkontakt, Ansprache und Trost.

Weinen, rufen, anklammern, nachfolgen oder die Nähe suchen gehören zum typischen Bindungsverhalten. In ihm bedrohlich erscheinenden oder unbekannten Situationen will Ihr Enkelkind hierdurch die Nähe zu Ihnen herstellen. Wie sicher sich ein Kind in der Bindung zu Mutter, Vater oder Oma fühlt, hängt vor allem von seinen »Bindungserfahrungen« ab: Je mehr Ihr Enkelkind erfährt, dass es sich auf Ihre Nähe und Fürsorge verlassen kann, umso sicherer fühlt es sich in der Beziehung zu Ihnen. Mit zunehmendem Alter ist es schließlich nicht mehr ständig auf die Anwesenheit seiner Bezugspersonen angewiesen, um sich sicher zu fühlen. Das Kleinkind ist immer mehr in der Lage, selbstständig die Nähe vertrauter Personen aufzusuchen und sich auch wieder zu entfernen, wenn es auf Entdeckung geht: Es hat seine »sichere Basis« verinnerlicht und kann darauf zurückgreifen.

OMAS TAGEBUCH

Wie man sich bettet

Linus hat gewonnen. Seine Forderungen nach Nähe und Bindung haben Oma schwach gemacht. Der knapp Zweijährige will nicht in seinem Kinderbett schlafen, sondern bei Oma – ganz dicht dran. Die Eltern haben diesen Wunsch von Anfang an respektiert, um dem Kind Gutes zu tun, aber auch, um ihre Nachtruhe zu haben. Sie müssen morgens früh zur Arbeit.

Nun war mal wieder Oma-Tag, und als ich ihn abends in sein Bettchen legen wollte, ging der Protest los. Ich ignorierte es, legte mich auf mein Bett dicht daneben. Linus stand und rüttelte an den Gitterstäben. »Oma, aufdehn«, so rief er im Minutentakt. Ich spielte die Schlafende. Der menschliche Wecker im Nachbarbett hatte keine Aus-Taste. Unermüdlich ging es weiter: »Oma, aufdehn.« Zehn Minuten hielt ich durch. Dann der rettende Gedanke: Ich bin schließlich nicht für die Erziehung verantwortlich. Ich schnappte den kleinen Kerl samt Schnuller und legte ihn zu mir. Eine Minute später war Linus eingeschlafen. Für mich war es eine unruhige Nacht. So viel Nähe bin ich nicht mehr gewohnt.

Die Bindung stärken

Was kann ich als Oma tun, um die Bindung zu meinem Enkelkind zu stärken? Es ist ganz einfach: Die Bindung wird mit Zeit, Liebe und Aufmerksamkeit aufgebaut. Erste Schritte auf dem Weg zu einer liebevollen Bindung kann die Hilfe beim Füttern sein (wenn das Baby nicht gestillt wird). Wer die gemeinsame Enkelzeit nutzt und intensiv mit ihm spielt oder bei Bedarf auch kuschelt, gewinnt weitere Pluspunkte und stärkt die Oma-Enkel-Bindung. Rituale wie regelmäßiges Vorlesen und gemeinsames Singen, ein besonderes Spiel, das nur Oma kennt, ein Lieblingsessen oder später auch tolle Ausflüge eignen sich ebenfalls hervorragend, das positive Verhältnis zu stärken und die Bindung zu intensivieren.

Gut zu wissen: Geschenke bauen keine Bindung auf. Das kleine Kind weiß noch nichts von Geld und Besitz und kann daher den Wert eines Geschenks gar nicht ermessen. Deswegen sollte man für eventuelle Mitbringsel auch keine Dankbarkeit erwarten, das kommt erst viel später (vielleicht). Die größten Geschenke für das Enkelkind sind gemeinsam verbrachte Zeit und liebevolle Aufmerksamkeit. Diese beiden Faktoren sind die Schlüssel zum Herzen Ihres Enkelkindes.

»Viel wichtiger als materielle Geschenke sind den Kindern die Aufmerksamkeit und Zuwendung, die man ihnen schenkt.«

Spiele mit Oma und Opa

Für Großeltern liegen die eigene Kindheit und die ihrer Kinder weit zurück. Deshalb fehlt es ihnen manchmal an Anregungen und Fantasie, wie sie mit ihrem Enkel-Baby spielen können.

Geht es um Spiele, so fühlen sich viele Erwachsene unsicher. Diesen Großeltern empfehle ich das Buch »Zehn kleine Krabbelfinger«. Seit mehr als 25 Jahren ist dieses Buch ein Renner unter jungen Eltern und Großeltern. Es bietet Spielanregungen aus dem PEKiP (Prager Eltern-Kind-)-Programm, Lieder, Fingerspiele und Bastelanleitungen für Spielzeuge. Denn Babys und Kleinkinder lernen die Welt durch Spielen kennen. So eignen sie sich ganz nebenbei – spielend sozusagen – jede Menge wichtige Fähigkeiten an.

Hier einige Vorschläge

- ***Küchen-Orchester***
  Wenn Babys Dinge greifen und die Hände gezielt bewegen können, ist es Zeit für ein Küchenorchester: Gemeinsam mit Holzlöffeln auf Plastikschüsseln, kleine Töpfe und Pappkartons schlagen und den verschiedenen Geräuschen lauschen.

- ***Bauch-Schmatzer***
  Geben Sie Ihrem Enkelkind einen dicken Schmatzer auf den nackten Bauch. Mal laut, mal leise, mal feucht, mal mit viel Luft. Baby wird begeistert sein.

- ***Einräumen, ausräumen***
  Einräumen, ausräumen – das kann ewig so weitergehen. Geeignet sind Wäscheklammern, Holzbausteine, Spielfiguren, kleine Becher, Löffel usw.

- ***Schlittenfahrt durch die Wohnung***
  Den Enkel auf eine große Decke legen oder setzen. Dann erklären Sie ihm, wohin die Reise geht und ziehen ihn langsam durch die Wohnung.

- ***Schublade fürs Baby***
  Am besten befindet diese sich in der Küche und ist ganz leer. Das Enkelkind darf dort nach Lust und Laune seine Lieblings-Küchenutensilien ein- und ausräumen: leere Joghurtbecher, Schneebesen, Kochlöffel, Becher – nur Plastik- oder Holzteile.

- ***Baby-Fußballer***
  Halten Sie Ihren Schatz gut fest und lassen ihn mit den Füßen nach einem weichen Softball treten. Das schult die Motorik, stärkt die Muskeln und macht Spaß.

- ***Tauziehen***
  Kinder ab acht Monaten können schon fest zupacken und ziehen. Das kann man fördern, indem Sie mit einem aufgerollten Geschirrhandtuch »Tauziehen« spielen.

Himpelchen und Pimpelchen

Innerhalb des ersten Lebensjahres ist aus einem hilflosen Baby ein recht selbstständiges Kleinkind geworden. Sein Spiel wird geschickter und abwechslungsreicher, und besonders gefragt sind jetzt Nachahmungsspiele. Finger- und Klatschspiele erfreuen sich größter Beliebtheit und regen Fantasie und Sprachentwicklung an. Einfache Finger- oder Handpuppen können eine reizvolle Variante darstellen. So können Himpelchen und Pimpelchen herrlich aussehen, wenn sie aus Filz oder Stoff angefertigt werden. Das Gesicht wird mit einem Filzstift oder Stoffmalstift aufgemalt, und die Zipfelmütze erhält ein Metallglöckchen. Auch zwei Plastikfingerhüte können Himpelchen und Pimpelchen darstellen. Malen Sie das Gesicht auf die Finger und geben Sie dem Hütchen ein Metallglöckchen. Mit einer glühenden Nadel wird ein Loch in die Spitze des Hütchens gestochen. Dann wird ein kräftiger Faden durchgezogen und mit einem dicken Knoten innen vor dem Herausrutschen bewahrt. Außen wird die Glocke befestigt. Oder Sie basteln ein Papierhütchen zum Aufsetzen.

Und so funktioniert das Fingerspiel:

Himpelchen und Pimpelchen werden von den beiden Daumen dargestellt, die sich abwechselnd nach oben bewegen (bergsteigen). Dabei wackeln Sie mit Ihren Daumen hin und her. Wenn die beiden »Zwerge« in den Berg kriechen, verschwinden die Daumen in Ihren Fäusten. Ahmen Sie das Schnarchen laut nach. Für das Haus werden beide Hände gegeneinander gestellt, sodass sich die Fingerspitzen berühren. Tüchtig blasen, bis das Haus umfällt.

Der Text:

Himpelchen und Pimpelchen,
die stiegen auf einen hohen Berg.
Himpelchen war ein Heinzelmann
und Pimpelchen ein Zwerg.
Sie blieben lange dort oben sitzen
und wackelten mit ihren Zipfelmützen.
Doch nach vielen, vielen Wochen
sind sie in den Berg gekrochen.
Schlafen dort in guter Ruh.
Seid mal still und horcht gut zu!
Und dann ... wachen sie wieder auf!
Heißa, heißa hoppsassa,
Himpelchen ist wieder da!
Heißa, heißa hoppsassa,
Pimpelchen ist wieder da!

Weitere Anregungen für kleine Leute ab etwa 2 Jahren

- ***Helfen im Haushalt***
  Zutaten abmessen, Brote belegen, Kekse ausstechen, Waschmaschine befüllen.

- ***Ballonrakete***
  Luftballon auf einen Strohhalm kleben. Eine lange Schnur durch den Strohhalm ziehen, Schnur zwischen Schrank und Stuhl befestigen. Wenn das Enkelkind den Luftballon loslässt, startet die Rakete. Je mehr Gefälle, desto schneller rast die Rakete los.

- ***Pfeifenreiniger verteilen***
  Gemeinsam mit dem Kind versuchen, sie in ein Sieb zu stechen.

- ***Luftpolsterfolie ausrollen***
  Ein langes Stück abschneiden und an den Rändern mit Klebeband auf dem Fußboden befestigen, mit Klebeband eine Mittellinie ziehen: Fertig ist die Straße, die auch noch schön knistert, wenn kleine Autos darüberrollen.

- ***Wohnungsdisco***
  Lichter dimmen, Musik aufdrehen und abtanzen. Jeder darf sich mal ein Lied wünschen.

- ***Drinnen picknicken***
  Funktioniert genau wie draußen: Einfach eine Decke auf den (Wohnzimmer-) Boden auslegen und Snacks und Getränke verteilen.

Für Kinder ab 2 Jahren gibt es natürlich noch viel mehr Spiele. Anregungen gibt es bei YouTube oder auf einem der vielen Mama-Blogs im Internet.

OMAS TAGEBUCH

Lachend Suppe kochen

Wo ist unser herzhaftes Lachen geblieben? Diese Frage wird mir bewusst, seitdem ich regelmäßig Zeit mit meinem Enkel Linus verbringe. Der Zweijährige ist ein echter Stimmungsaufheller. Wer mit kleinen Kindern zusammen ist, kennt keine schlechte Laune. Am meisten Spaß aber habe ich, wenn sein gackerndes Lachen ertönt und sein Kopf ganz rot wird vor Anstrengung. Und diese Situation kann ich auf Knopfdruck provozieren.

Beispiel: Die Zeit der Rollenspiele hat begonnen. Und weil sein Vater gern kocht und Linus oft zuguckt, spielt er auch gern »Suppe kochen«. Wir nehmen eine Rührschüssel und einen kleinen Schneebesen, als »Fleischklößchen« dienen uns Bausteine. Und dann wird gerührt und probiert. Der schönste Moment ist, wenn ich mit dem Esslöffel einen »Fleischkloß« herausnehmen will, dieser mir vom Löffel auf den Fußboden fällt und ich dazu »Ist das heiß!« rufe. Dann geht das Gegacker los, der ganze kleine Körper schüttelt sich. Und dann ruft Linus »Noch ma'!«, und ich starte das Programm erneut. Dieser Akt lässt sich beliebig oft wiederholen. Bisher habe ich nach vier Mal aufgehört – schließlich muss die Suppe gegessen werden, bevor sie kalt wird.

Keine Sorge, wenn es Ihnen an schauspielerischem Talent fehlen sollte. Das Kleinkind ist kein kritischer Beobachter, sondern freut sich an jeder Vorstellung, die gern auch etwas turbulent sein kann. Auch kann dieselbe Geschichte öfter wiederholt werden. Die Begeisterung, mit denen Ein- und Zweijährige das Spiel verfolgen, ist grenzenlos. Hauptsache Action. Als Linus älter wurde, etwa ab fünf, mochte er Rollenspiele noch viel lieber: Die Puppen Ernie und Bert aus der Sesamstraße, die ich von meinen Kindern aufbewahrt hatte, taten dabei gute Dienste. Wir spielten Zahnarztbesuch, Schule oder »Tag der offenen Tür« in der Polizeistation. Er konnte sich immer wieder darüber amüsieren, ganz besonders, wenn Ernie und Bert zu »dusselig« waren, kleine Aufgaben zu erfüllen, oder Quatsch machten. Und natürlich habe ich ihn in das Geschehen einbezogen, sodass er nicht nur Zuschauer war.

Vorschläge für Spiele mit etwas älteren Kindern ab 3-4 Jahren

- ***Ballon-Tanz***
  Ballons aufblasen, Lieblingsmusik raussuchen – und der Spaß kann losgehen! Die Ballons werden zu Beginn des Songs in die Luft geworfen. Beim Abtanzen darauf achten, dass der Ballon nicht den Boden berührt, bevor die Musik endet.

- ***Hindernislauf***
  Die Wohnung wird in einen Hindernisparcours verwandelt! Stühle, Kissen, Kartons und Co. werden in den Räumen aufgebaut. Auf dem Weg vom Start bis zum Ziel müssen die Kleinen dann zum Beispiel unter Stühlen hindurchkrabbeln oder auf einem am Boden liegenden Wollfaden balancieren. Für einen Wettbewerb kann die Zeit gestoppt werden.

- ***Der Boden ist Lava!***
  Die Vorbereitung verläuft ähnlich wie beim Hindernislauf. Es wird ein Parcours aus Stühlen, Polstern und Kissen aufgebaut. Die Spieler müssen sich dann von einem Stück zum nächsten hangeln – ohne den Boden zu berühren.

- ***Theateraufführung***
  Kinder lieben diese Beschäftigung. Für das perfekte Kostüm wird die Verkleidungskiste aus dem Keller geholt oder einfach der Schrank von Oma und Opa geplündert. Nun müssen noch eine Bühne gebaut, Kulissen gebastelt und Tickets gemalt werden. Beim Stück können die Kinder ihrer Fantasie freien Lauf lassen.

- ***Höhle bauen***
  Verwandeln Sie gemeinsam einen Tisch mit Decken, Tüchern und Kissen in eine gemütliche Höhle. Natürlich begleiten Sie Ihr Enkelkind auf seiner Expedition. Drinnen kann dann eine tolle Geschichte erzählt, gelesen oder mit Stofftieren gespielt werden.

- ***Kissenschlacht***
  ... auf die Kissen, fertig, los!

- ***Pantomime***
  Ein Spiel, das Kindern und Erwachsenen gleichermaßen eine Menge Spaß bereitet. Ein Spieler denkt sich eine Bewegung aus, zum Beispiel Staubsaugen, Baby wiegen, Skifahren oder Kochen, die anderen müssen raten.

- ***Raubtierfütterung***
  Zwei Kinder setzen sich dicht hintereinander auf einen Stuhl vor einen Tisch. Das vordere Kind zieht eine Jacke verkehrt herum an, das hintere schlüpft in die Ärmel. Der Vordermann ist nun das Raubtier. Der Hintere füttert ihn mit Dingen, die auf dem Tisch liegen – das wird vielleicht eine kleine Sauerei, ist aber auf jeden Fall ein Riesenspaß.

- ***Fantasie-Kaufladen***
  Es ist ganz einfach, einen Raum als Supermarkt herzurichten und die Enkelkinder dort Dinge einkaufen zu lassen. Außerdem bietet dieses Spiel eine großartige Gelegenheit, den Enkeln vielfältige Dinge beizubringen und zu zeigen, angefangen bei Formen, Farben und Größen über verschiedene Nahrungsmittel bis hin zum Rechnen und dem Wert des Geldes. Selbst gebastelte Gutscheine und Coupons sorgen für noch mehr Spaß.

OMAS TAGEBUCH

Rettungseinsätze gehen ins Kreuz

Linus, mein dreijähriger Enkel, hat eine neue Leidenschaft: Feuerwehrmann Sam hat es ihm angetan. Großeltern von kleinen Jungen werden diese Animationsfilme kennen. Pädagogisch wertvoll? Vermutlich nicht, aber sie sorgen für 15 Minuten himmlische Ruhe. Und sie animieren zum Rollenspiel.

Wenn Linus uns besucht, kommt er nie ohne seine Ausrüstung. Und schon bald heißt es »Feuerwehreinsatz«. Linus zieht dann seine neonfarbene Schutzweste an, setzt seinen gelben Helm auf, und auch ich bin mit Sonnenhut und Weste bestens ausgestattet. Das Prozedere ist immer dasselbe: Feuer melden. Linus (Sam) startet mit dem Löschfahrzeug samt Drehleiter, ich (Elvis) darf immer nur das kleinere Modell mit Abschlepphaken fahren. Am Brandort wird ausgiebig gelöscht, dann zurück in die Zentrale – frühstücken. Nach einer Stunde habe ich keine Lust mehr, dann heißt es aufräumen. Auf meine Aufforderung zu helfen, sagte er neulich: »Geht nicht. Mein Rücken tut weh.« Da kann man nichts machen. Rettungseinsätze gehen nun mal ins Kreuz.

Erste Ausflüge mit Oma und Opa

Ausflüge allein mit dem Enkelkind sind für die Großeltern anfangs eine aufregende Sache.

Bei uns waren es die Klassiker: Ich habe mit Linus oder Paula sämtliche Spielplätze der Umgebung erkundet, immer auf der Suche nach neuen interessanten Spielgeräten. Wir fuhren in den Tierpark, ins Freibad, zum Tobeland oder ins Freiluft-Kindertheater, zu Bauernhöfen mit Kühen und der Möglichkeit zum Ponyreiten oder zum Kartoffelnsammeln.

Ein Bauernhof in unserer Nähe hat Patenschaften für einen eigenen Apfelbaum vergeben. Das war immer ein schöner Ausflug für Linus. Wir konnten das ganze Jahr über unseren Apfelbaum besuchen und im Herbst 10 Kilogramm Äpfel pflücken. Nicht weniger beliebt und gar nicht aufwendig war der Besuch bei einer Freundin von mir, die einen Hund hatte. Für Linus war es stets eine große Freude, wenn wir zusammen mit »Anton« Gassi gingen und dabei vielleicht noch den Wald erkundeten – auch bei Regen, die Gummistiefel im Gepäck. Da brauchte er überhaupt kein Spielzeug. Die Baumstümpfe und abgefallene Äste genügten vollkommen, um seine Fantasie anzuregen.

Neben Spielideen für zu Hause braucht man aber für lange Regentage auch interessante Spielsachen. Auf der Seite gegenüber finden Sie eine kleine Entscheidungshilfe für gutes Spielzeug von der Bundeszentrale für gesundheitliche Aufklärung (BZgA).
Quelle: *www.Kindergesundheit-info.de*

Das macht gutes Spielzeug aus:

- *Gutes Spielzeug lässt Raum zum Entdecken und Selbermachen. Spielzeug für Babys und Kleinkinder sollte besonders viele Möglichkeiten für eigene Entwicklungen bieten. Deshalb raten Experten dringend von modernem Spielzeug ab, das per Knopfdruck eine Vielzahl von Funktionen abspult und das Kind zum passiven Zuschauer macht.*

- *Gutes Spielzeug ist variabel und eröffnet immer wieder neue Spielmöglichkeiten, es kann vielfach ergänzt werden oder sogar im Anspruch und Spielangebot an das Alter des Kindes angepasst werden und so ganz natürlich mitwachsen.*

- *Gutes Spielzeug ist robust und hat eine lange Lebensdauer. Kleine Kinderhändchen müssen motorische Feinheiten erst noch entwickeln. Deshalb sollte gutes Spielzeug für Babys und Kleinkinder sehr stabil sein und eine Menge aushalten.*

- *Gutes Spielzeug ist sicher. Das Thema Stabilität und Langlebigkeit ist eng mit der Sicherheit von Kinderspielzeug verknüpft. Wenn Gegenstände schlecht verarbeitet sind und Kleinteile abbrechen oder absplittern können, entstehen rasch Gefahrenquellen. Spielwaren für sehr kleine Kinder müssen immer gründlich geprüft werden. Eine gute Richtlinie bieten die in Deutschland verwendeten Prüfsiegel, die sicheres Spielzeug kennzeichnen.*

- *Gutes Spielzeug passt zum Alter des Kindes. Kinder, die unterfordert sind, langweilen sich schnell. Werden sie wiederum überfordert, sind sie schnell frustriert. Folge: Sie trauen sich weniger zu, weil sich keine Erfolge einstellen. Deshalb sollte gutes Kinderspielzeug immer altersgerecht sein und die jeweiligen Entwicklungsschritte ohne Druck, aber mit viel Inspiration anregen.*

OMAS TAGEBUCH

Linus in Not

Wenn sich eine Katze auf einen Baum verirrt hat und nicht mehr herunter traut, darf man die Feuerwehr um Hilfe bitten. Gilt das eigentlich auch für ein Kleinkind, das sich zu viel zugemutet hat, sowie seine Oma, die das Kleinkind überschätzt hat?

Linus (dreieinhalb) und ich sind auf dem Spielplatz, diesmal auf einem anderen, denn da gibt es interessante Geräte. Zum Beispiel ein riesiges Klettergerüst aus Seilen mit verschiedenen Ebenen. Der Dreieinhalbjährige klettert mutig drauflos. Meine Frage, ob er das mit Papa schon mal gemacht habe, wird bejaht. »Ich bin schon groß«, sagt Linus. Aha. Erste Ebene geschafft. Ich stehe direkt darunter, kann noch seine Füße erreichen. »Lieber nicht weiter«, sage ich. »Doch, das kann ich«, sagt Linus und hat in wenigen Sekunden die nächste Ebene erklettert. Nun sitzt er etwa zwei Meter über meinem Kopf. Mir wird mulmig. Linus auch, weil er den Rückweg nicht kann. Seine Beine sind zu kurz, um das nächste Tau nach unten zu erreichen. Keine Ahnung, wie er da hochgekommen ist. Ging so schnell. Was tun? Ich könnte raufklettern, aber ich traue mir nicht zu, mit einem Dreijährigen auf dem Arm wieder herunterzuklettern – auf wackligem Seil. Linus jammert.

Auf dem Spielplatz ist weit und breit niemand zu sehen. »Da müssen wir die Feuerwehr rufen«, sage ich zu Linus und versuche, cool zu bleiben. Wir warten. Von oben kommt ein klägliches »Oma, ich will runter«. Oma ist ratlos, doch dann naht die Rettung. Eine junge Mutter mit zwei kleinen Söhnen geht auf der anderen Straßenseite. Ich bitte um Einsatzhilfe. Sie klettert unverzüglich hoch, nimmt Linus auf den Arm und reicht ihn mir durch ein Loch im Seilgeflecht nach unten. Leben gerettet. Glück gehabt.

Krippe – ja oder nein? Pro und contra frühe Fremdbetreuung

Als ich klein war, »mussten« nur diejenigen Kinder ab etwa 3 Jahren in den Kindergarten, deren Mütter arbeiteten. Und das waren wenige.

Als meine Söhne im entsprechenden Alter waren, war eine feste Betreuung zwischen 9 und 12 Uhr üblich, es gab Karenzzeiten ab 8 oder bis 13 Uhr. Damals hieß diese Einrichtung Kindergarten, heute gibt es fast nur noch Kindertagesstätten (Kitas), der Begriff Kindergarten ist aber noch immer geläufig. Eine Betreuung der Kinder ist heute von 7 bis 17 oder 18 Uhr möglich. Das eröffnet den Eltern mehr Möglichkeiten, beide können theoretisch in Vollzeit arbeiten. Es gibt viele Zeitmodelle, häufig arbeiten die Väter in Voll- und die Mütter in Teilzeit. Die meisten Mütter bzw. Väter holen ihre Kinder zwischen 14 und 16 Uhr ab. In die Krippe dürfen die Kinder ab 10 oder 11 Monaten gebracht werden. Sie haben dort ihr zweites Zuhause, werden gefüttert, machen ihren Mittagsschlaf. Die Erzieherin ist eine starke und geliebte Bezugsperson. Für diese frühzeitige Betreuung entscheiden sich aber nicht alle Eltern. Manche Mutter bleibt lieber zu Hause und genießt die Zeit mit ihrem Kleinkind. Gleiches gilt natürlich heute auch für den Vater, auch wenn das deutlich seltener praktiziert wird.

Kein Richtig oder Falsch

Bei der Frage, ab welchem Alter ein Kind fremdbetreut werden kann oder soll, gibt es kein Richtig oder Falsch. Seit der Elterngeldreform im Jahr 2007 und der Einführung des Elterngelds geben viele Mütter und Väter ihr Kind mit etwa einem Jahr in die Kita, andere Eltern entscheiden sich dafür, ihr Kind erst mit 2 oder 3 Jahren fremdbetreuen zu lassen. Welche Entscheidung Eltern treffen, ist einerseits eine finanzielle Frage (manche Haushalte sind auf ein zweites Gehalt einfach angewiesen), oft ist es aber auch eine Frage individueller Wertvorstellungen. Eine Mutter, die ihren Beruf liebt und gern ausübt, wird ihr Kind früher in eine Kita geben als eine Frau, die sich in den ersten Jahren nach der Geburt ganz auf ihre Rolle als Mutter konzentrieren möchte.

Ein weiterer Aspekt: Wenn Frauen einige Jahre zu Hause bleiben, geht das zu Lasten ihrer späteren Rente. Und wenn eine Ehe auseinanderbricht, und das passiert heute sehr häufig, hat meistens die Frau das finanzielle Nachsehen. Vielen Frauen ist ihre finanzielle Unabhängigkeit im Alter wichtig, weshalb sie sich dafür entscheiden, ihren Beruf wenigstens in Teilzeit wieder auszuüben, wenn das Kind etwa ein Jahr alt ist.

»Im Kindergarten erwerben Kinder wichtige soziale Kompetenzen.«

Eine Generationenfrage

Ältere Generationen, die ihre Kinder erst ab 3 oder 4 Jahren in den Kindergarten gegeben haben, können oft nicht nachvollziehen, dass junge Eltern sich zumindest für einige Stunden täglich von ihrem Baby oder Kleinkind trennen. Da das früher nicht üblich war, weil auch der staatliche Rahmen dafür nicht existierte, ist diese Haltung durchaus nachvollziehbar. Wie manche andere Fragen, auf die ich später noch zu sprechen komme, handelt es sich hier einfach um eine Generationenfrage, bei der jeder das Recht hat, seine Meinung zu äußern, was aber nicht zu Konflikten zwischen Eltern und Großeltern führen sollte.

All jene, die sich Sorgen machen, dass eine zu frühe Fremdbetreuung ihrem Kind schaden könnte, sollten bedenken: Mütter und Väter kennen ihr Kind selbst am besten und können im Regelfall auch gut einschätzen, ob es von der Fremdbetreuung profitiert oder eher davon überfordert wäre.

Im Vergleich zu vielen anderen europäischen Ländern oder den USA haben Eltern in Deutschland den Vorteil, dass Einrichtungen der »Eingewöhnung« viel Raum geben und in der Regel 5–6 Wochen Zeit einplanen, in der ein Kleinkind sich langsam an die neuen Bezugspersonen, die anderen Kinder und den Tagesablauf in der Kita gewöhnen kann. Nur wenn das Kind sich wirklich wohlfühlt, wird es dort auch dauerhaft betreut.

Unstrittig ist heute wie auch vor einigen Jahrzehnten schon, wie sinnvoll ein Kindergarten bzw. eine Kindertagesstätte für die gesunde Entwicklung ab einem Alter von etwa 3 Jahren ist: Lernen und Aufwachsen mit Gleichaltrigen, soziale Kontakte aufbauen, Selbstbewusstsein stärken sind wegweisende Faktoren der Kita- bzw. Kindergartenzeit.

Heute werden diese Einrichtungen als Bildungseinrichtungen betrachtet, früher ging es hingegen hauptsächlich um sichere Betreuung. Im letzten Kitajahr steht dann die Vorbereitung auf die Schule und der Schritt in ein neues spannendes Abenteuer im Mittelpunkt.

OMAS TAGEBUCH

Nicht auf den Mund gefallen

Mein Enkel Linus hatte gerade seinen dritten Geburtstag. In seiner Kindertagesstätte ist er jetzt bei den Zauberzwergen, einer Gruppe im Elementarbereich. Linus ist nun kein Krippenkind mehr, sondern gehört zu den Großen. Keine Windel, kein Mittagsschlaf und sein Sprachschatz hat sich in den vergangenen Wochen auch enorm vergrößert.

Und es ist oft witzig, was er da manchmal von sich gibt. »Alter Falter« ist sein neuester bevorzugter Begriff, er baut ihn wahllos in seine Sätze ein. Sein Opa aus Eutin sagt das immer. Es macht keinen Sinn, klingt aber dennoch lustig aus dem Mund eines Dreijährigen. Auch das Wort »blöd« hat er inzwischen kennengelernt, und Linus weiß schon ganz genau, dass man zwar blödes Spielzeug, aber nicht blöde Oma sagen darf. Er macht es trotzdem und lacht dann mit schelmischem Blick. Neulich war wieder etwas blöd, was nicht blöd genannt werden darf. Als sein Papa das hörte und ihn zur Rede stellen wollte, meinte Linus, scheinbar in sein Spiel mit Duplosteinen vertieft: »Ich möchte im Augenblick nicht mir dir sprechen.« Das klingt doch diplomatisch und gar nicht blöd, oder?

Die Wohnung oder das Haus sicher machen

Sind die Enkelkinder zu Besuch, kommt Leben ins Haus. Bei Oma und Opa gehen die Enkel gern auf Erkundungstour; da wird das Haus zum Abenteuerspielplatz. Und so sieht es hinterher auch aus.

Wenn unsere Enkel da waren, haben mein Mann und ich hinterher erst mal gut zu tun, unser gewohntes Umfeld wieder herzustellen. Sind die Enkelkinder noch klein (also in etwa zwischen einem und 3 Jahre alt), sollten Sie das Haus unbedingt kindersicher machen. Hierbei ist es auch wichtig, Kleinigkeiten zu bedenken, denn manchmal ist es für Erwachsene nicht leicht, potenzielle Gefahrenquellen im Haus zu erkennen. Versuchen Sie die Blickposition Ihres kleinen Enkels einzunehmen und überlegen Sie, was ihm auf dem Weg durchs Haus alles begegnen und seine Aufmerksamkeit erregen könnte.

Hier eine Checkliste

○ ***Steckdosen***
Damit kleine Fingerchen nicht darin bohren können, kann man passende Plastikplättchen besorgen. Die Steckdosen sind dennoch zu benutzen.

○ ***Treppen, Fenster, Balkone***
Prüfen Sie alle Stellen, an denen Ihr Enkelkind hinunterfallen könnte. Fenster sollten geschlossen sein, Balkone sind nur unter Aufsicht zu betreten und für Treppen gibt es spezielle Gitter.

○ ***Putzmittel***
Am besten lagert man diese in einem hohen oder abgeschlossenen Schrank. Hierfür gibt es Schrank- und Schubladenschlösser, die leicht anzubringen sind.

○ ***Glas und Geschirr***
Wenn Ihr Enkelkind etwas aus dem Schrank holt und wirft, sodass es zerbricht, kann es sich schnell an den Scherben verletzen. Damit nicht alles verschlossen sein muss, können Sie Ihrem Enkelkind einen Schrank mit Plastikbechern, Plastikschüsseln, Holzlöffeln usw. einrichten.

○ ***Küchenherd***
Ein Schutzgitter um den Herd verhindert, dass Kinder auf heiße Platten fassen können. Achten Sie darauf, dass die Griffe von Töpfen und Pfannen auf dem Herd nach hinten gedreht sind. Am sichersten ist es, wenn Sie Ihr Enkelkind nicht aus den Augen lassen, wenn etwas Heißes auf dem Herd steht.

○ ***Kaffeemaschinen und Wasserkocher***
Schieben Sie diese Geräte hinten an die Wand außerhalb der Griffweite der Enkel.

○ ***Plastiktüten***
sollte man unbedingt außerhalb der Reichweite der Enkel aufbewahren (Erstickungsgefahr).

○ ***Messer, Gabel, Schere, Licht ...***
sind für kleine Enkel nicht.

○ ***Lose Kabel***
(Telefon, Stehlampe, Verlängerungen) am besten verbergen oder festkleben. Schlüssel in den Türen sollten während des Besuchs abgezogen sein, damit sich das Kind nicht einschließen kann.

○ ***Spitze Ecken an Tischen oder Kommoden***
können schlimme Beulen verursachen, da sie oft genau auf Kopfhöhe sind. Zum Schutz gibt es spezielle Kunststoff-Ecken, die man darüberkleben kann.

○ ***Tischdecken***
am besten einfach weglassen. Dann kann nichts heruntergerissen werden.

○ ***Hund***
und Enkelkind niemals allein lassen, auch wenn es »ein lieber, treuer, ungefährlicher Familienhund« ist.

○ ***Garten***
entweder einzäunen oder IMMER dabei sein, wenn das Kind draußen spielt. Teiche, Brunnen, Regenfässer, Eimer: Alle Gewässer im Garten, und seien sie noch so flach, sollten sicher abgedeckt und unerreichbar für das Kind sein, denn immer wieder hört man, dass Kinder im eigenen Pool oder Teich ertrunken sind. Auch das volle Planschbecken ist eine Gefahrenquelle.

KAPITEL 4

Erziehungsfragen und potenzielle Konflikte

Wann ist man eine gute Oma?
Ist Enkelsucht etwas Schlechtes und wie verhalte ich mich bei Erziehungsfragen, vor allem dann, wenn ich anderer Meinung bin als die Eltern? Ein komplexes Thema, zu dem es hier einige Antworten gibt. Sie erfahren auch, welche Sätze Sie zu Tochter/Schwiegertochter lieber nicht sagen sollten.

Einspringen, wenn's brennt ... das richtige Maß finden

Was sind gute Großeltern? Jene, die sich immer anbieten zu helfen, egal, ob Not am Mann ist oder nicht? Oder sind es jene, die schon vor der Geburt des Babys deutlich gemacht haben, dass sie gern helfen, den eigenen Terminkalender aber nicht ausschließlich an den Bedürfnissen der jungen Familie ausrichten möchten?

Vermutlich ist wie immer der goldene Mittelweg der richtige. Ich gebe zu, beim ersten Enkelkind Linus war ich fast »enkelsüchtig«. Und ich hatte Glück mit meiner Schwiegertochter. Ich durfte sehr oft zu Besuch kommen, um das Baby zu genießen. Das war großzügig von den Eltern, aber auch ein kleines bisschen in deren eigenem Interesse. Linus war die ersten Monate sehr unruhig, schlief nachts nie durch, und als er mit einem Jahr in die Kita kam, nahm er jeden Infekt mit, sodass meine berufstätige und damals noch nicht im Homeoffice arbeitende Schwiegertochter froh war, wenn Linus mit Oma zu Hause bleiben konnte. Der Arzt meinte übrigens damals, die vielen Infekte seien normal und machten das Kind widerstandsfähiger für die spätere Schulzeit.

Wie viel Enkelzeit ist gut?

Viele Großeltern blühen regelrecht auf, wenn die Enkelkinder bei ihnen sind. Wer allein lebt, krank ist oder eingeschränkt lebt, freut sich über die Abwechslung und schöpft daraus Kraft. In solchen Momenten ist die enge Bindung zu den Enkelkindern ein Geschenk. Für den Augenblick vergessen die Erwachsenen ihre Sorgen und gehen in der Großelternrolle voll auf. Aber ist man dadurch automatisch enkelsüchtig? Und was heißt das überhaupt? »Sucht ist die umgangssprachliche Bezeichnung für die Abhängigkeit von einer Substanz oder einem Verhalten«, schreibt der Caritas-Verband auf seiner Webseite. Im Fall der Enkel-Sucht heißt das, dass Großeltern die Zeit mit den Enkelkindern brauchen, um sich besser zu fühlen. In vielen Fällen wird das auch der Fall sein – die gemeinsame Zeit liefert jenen, die sich oft einsam oder allein fühlen, wertvolle Energie. Wer aber ständig die Enkel um sich haben möchte, gleichzeitig aber auch noch berufstätig ist oder ein sehr aktives Sozialleben hat, wird schnell an die Grenzen seiner Kräfte kommen. Auch ein Oma-Tag hat nur 24 Stunden und die Energie ist mit der einer 30-Jährigen nicht vergleichbar. Deshalb ist es wichtig, die Signale des Körpers wahrzunehmen und sich Ruhe und Pausen für sich selbst zu gönnen.

Vor allem bei schwierigen Familienkonstellationen, wie z. B. bei getrennt oder in Scheidung lebenden Eltern, ist es auch für Großeltern schwieriger, sich einzubringen. Das folgende Gerichtsurteil zeigt, dass Eltern keinen Rechtsanspruch auf die Betreuung ihrer Kinder durch die Großeltern haben. Wie intensiv Großeltern sich engagieren, ist alleine ihnen überlassen: Eine Mutter von zwei Kleinkindern verklagte die Großeltern väterlicherseits. Der Vater der beiden Kinder selbst beteiligte sich weder an der Kinderbetreuung, noch unterstützte er die Familie finanziell. Um für ihre Familie sorgen zu können, war die Mutter also gezwungen, einem Job nachzugehen. Ihr Einkommen aber floss zum Großteil an die Kindertagesstätte für die Betreuung der Kinder. Und auch die Großeltern unterstützten sie nur wenig und verreisten lieber, woraufhin die Mutter vor Gericht ging. Sie war der Meinung, die Unterstützung der Großeltern rechtlich einfordern zu können. Das Gericht entschied allerdings anders, und der Vater wurde zu regelmäßigen Unterhaltszahlungen für die Kinder verurteilt.

Erziehen Großeltern mit?

In der Kindererziehung sind Rituale, also regelmäßig wiederkehrende Abläufe, wichtig. Darüber sind sich Experten einig. Die von den Eltern gepflegten Rituale sollten bei Oma und Opa fortgesetzt werden, zum Beispiel die Abendzeremonie.

Aber welchen Anteil sollten Großeltern an der Erziehung haben? Eigentlich gar keinen, meine ich. Für die Erziehung der Enkel sind ausschließlich die Eltern zuständig. Aber was tun, wenn das Verhalten des Enkelkindes einem so völlig »gegen den Strich« geht, der Enkel aber regelmäßig viele Stunden bei den Großeltern ist? Meine Schwiegertochter hat dazu eine Regel aufgestellt, die Linus sofort akzeptiert hat: Zu Hause bestimmen Mama und Papa die Regeln, bei den Großeltern haben Oma und Opa das Sagen. Das hat bei uns ganz gut geklappt, bis Linus etwa 5 Jahre alt war. Danach kam immer mehr der eigene Kopf durch, begleitet von dem Satz: »Ich mach' nur das, was Mama sagt.« Bei uns gab es zum Beispiel regelmäßig Unstimmigkeiten beim Anziehen, auch im Winter akzeptierte Linus warme Jacken oder gar Mütze und Schal nur gegen Protest oder nach nervigen Diskussionen.

Was Rituale bewirken

- *Sie schaffen Vertrautheit und Geborgenheit, vertreiben Ängste.*
- *Sie geben Halt und Sicherheit.*
- *Sie schaffen Ordnung, Struktur und Orientierung.*
- *Sie stärken das Selbstbewusstsein.*
- *Sie sorgen für Entspannung und Ruhe.*
- *Sie erleichtern das Lernen.*
- *Sie fördern die Selbstständigkeit.*

Ideen für Enkel-Rituale

- *Lieblingsgericht kochen*
- *Streifzug durch den Garten oder die Wohnung*
- *Wenn es beim Besuch des Enkelkindes regnet, wird Kakao gekocht und vorgelesen.*
- *Schokopudding oder Erdbeerquark – immer denselben Nachtisch machen*
- *Am Nachmittag dürfen alle einmal in die Süßigkeiten-Box greifen.*
- *Ritual bei Krankheiten: Das Sofa bei Oma wird zum Krankenlager umfunktioniert, dann gemeinsam kuscheln, CD hören, fernsehen, Buch anschauen.*

OMAS TAGEBUCH

Wettlauf mit einem Nackedei

2 Jahre und 4 Monate hat er uns Vorsprung gegeben. Jetzt ist der Zeitpunkt gekommen, sich einer sportlichen Herausforderung zu stellen. Mein Enkel Linus liebt es, als Nackedei durchs Haus zu laufen – ohne Windel, ohne Hemd. »Warm«, sagt er und entzieht sich meinen Ankleidungsversuchen nach dem Baden. Dann läuft er los und ich mit dem Body hinterher. Und dann lacht er und springt aufs große Bett, verzieht sich in die hinterste Ecke. Ich lasse ihn gewähren. Ich könnte jetzt Gewalt anwenden und ihn an den Beinen zu mir herziehen. Das tut eine Oma aber nicht, dazu ist sie viel zu gutmütig.

Also bringt sie den Joker ins Spiel: Opa. Der kommt und mahnt mit etwas lauterer Stimme, die Kasperei zu lassen. Und Linus, erstaunt ob des ungewohnten Tonfalls, ergibt sich und lässt sich bereitwillig anziehen.

Noch – er ist ja erst zwei.

Erziehungstipps – ja oder nein?

Erziehungstipps der Omas sind zwar nett gemeint, kommen aber bei jungen Müttern meist nicht gut an. Erst recht nicht bei der Schwiegertochter, der man doch eigentlich nur einen guten Rat geben möchte. Ohne Arg und ohne Besserwisserei. Fakt ist: Nur, weil Sie das vor zig Jahren so gemacht haben, muss das nicht heißen, dass nachfolgende Generationen von Müttern das genauso machen sollen. Verunsichern Sie Ihre Tochter oder Schwiegertochter nicht. Wenn junge Mütter nach der Geburt des ersten Kindes befragt werden, welche Aussagen aus dem Familien- oder Freundeskreis sie in den ersten Monaten besonders verunsichert haben, kommen hier oft erstaunliche Antworten.

Erstaunlich deshalb, weil die Intention der Mütter und Schwiegermütter gar nicht die Äußerung von Kritik oder das Aufzeigen von Fehlern der jungen Eltern war. Dennoch treffen einige Bemerkungen von Müttern oder Schwiegermüttern eine junge Mutter besonders hart. Vor allem auch, weil sie sich gerade beim ersten Kind noch in einer Phase der Neuorientierung, der Unsicherheit, der Hormonschwankungen und der Unwissenheit befindet. Sie empfindet diese Erziehungstipps daher als unangebracht und als unnötige Einmischung.

Die folgenden Großeltern-Sätze haben wir schon oft gedacht, aber noch nie gesagt … und es ist auch besser so. Denn in den vergangenen Jahrzehnten hat sich einiges verändert, und die Empfehlungen, die wir als junge Eltern bekamen, sind nicht mehr dieselben, die man jungen Eltern heute gibt.

Diese Sätze sollten Sie nicht zu einer jungen Mutter sagen:

»Du musst das Kind nicht jedes Mal aufnehmen, wenn es schreit.«

An dieser Aussage entbrennen immer wieder Diskussionen. Jede Schwiegermutter und Mutter, die ihrer Tochter/Schwiegertochter einen solchen Hinweis gibt, sollte Folgendes bedenken: Sie geben diesen Hinweis aus Ihrer Erfahrung heraus, haben vermutlich bereits mehrere Kinder großgezogen. Die junge Mutter hat dies nicht. Außerdem gibt es zu der Frage, wie oft man schreiende Babys aufnehmen sollte, kein allgemeingültiges Rezept. Uns hat man früher gesagt, wir sollen nicht bei jedem kleinen Mucks zum Kind laufen – es lerne dann nie, sich selbst zu beruhigen. Heute weiß man, dass Babys in Stress geraten, wenn sich keine Bezugsperson um sie kümmert und ihre Bedürfnisse stillt.

»Ihr bekommt später Probleme, wenn ihr das Kind immer in eurem Bett schlafen lasst.«
Auch dies ist eine Aussage, die so generell nicht gilt. Hier muss jede Familie für sich selbst den richtigen Weg finden. Es gibt keine Studien, die belegen, welches hier der richtige Weg ist. Auf keinen Fall sollte man mit einer angeblichen allgemeingültigen Weisheit die jungen Eltern unter Druck setzen.

»Ihr gebt dem Kind die Flasche? Stillst du nicht?«
Das Stillverhalten junger Mütter ist einer der intimsten Bereiche in der Mutter-Kind-Beziehung. Oft gibt es gesundheitliche Gründe, weniger oder kürzer zu stillen oder das Kind gänzlich mit der Flasche zu ernähren. Auch hier sollten sich Mütter oder Schwiegermütter nicht einmischen, vielmehr mit eigenen Erfahrungen Hilfestellungen geben, ohne zu belehren.

»So viel Tamtam ums Stillen …«
Früher wurde nicht so viel Aufwand um die Frage gemacht, ob Stillen oder Fläschchen. Entweder es klappte oder eben nicht. Der Stress, der heutigen Müttern auferlegt wird, ist für uns Großeltern nicht nachvollziehbar. Auch wenn man weiß, dass Muttermilch das Beste fürs Kind ist – keine Mutter sollte sich für ihre Entscheidung rechtfertigen müssen.

»Warum gibst du dem Kind schon wieder die Flasche oder die Brust?«
Als wir Großeltern in der Elternrolle waren, haben wir die Flasche alle vier oder sogar nur alle sechs Stunden gegeben. Warum tun unsere Kinder das nicht? Die Erkenntnisse aus Ernährungssicht und Säuglingsforschung haben gezeigt, dass Babys heute eben in anderen Abständen gefüttert oder gestillt werden sollten. So wie wir uns früher an Empfehlungen orientiert haben, tun es die heutigen Eltern eben auch.

»Muss das Kind nicht mehr essen? Stimmt das Gewicht?«
Das Thema »Gewicht des Kindes« ist in Diskussionen zwischen Müttern ein Dauerbrenner, und auch ohne Ihre Hinweise macht sich Ihre Tochter/Schwiegertochter hierüber Gedanken. Im Übrigen kontrolliert der Kinderarzt Größe und Gewicht des Kindes regelmäßig, und es gibt nun mal Kinder, die schlanker sind, während andere mehr Babyspeck haben.

»Mädchen sind als Babys so viel einfacher, Jungen essen mehr.«
Mit solchen Pauschalaussagen verunsichern Sie die jungen Eltern. Auch bewerten Sie die Kinder nach den Geschlechtern und geben Kommentare zu etwas ab, was die Eltern nicht beeinflussen können.

»Warum muss das Baby denn jetzt schon zum Schwimmen?«
Früher haben Kinder das Schwimmen in der Schule gelernt. Oder spätestens im Urlaub mit den Eltern. Heute legen Eltern Wert darauf, dass ihre Kinder keine Scheu vor Wasser entwickeln und frühzeitig daran gewöhnt werden. Im Vordergrund soll der Spaß für Baby und Eltern stehen – mehr nicht.

»So früh sollte kein Kind fremdbetreut werden.«
Als die Großeltern noch Eltern waren, war es üblich, dass die Mutter mindestens drei Jahre oder gar länger zu Hause blieb, um die Kinder zu versorgen. Das hat sich in den vergangenen Jahrzehnten aus verschiedenen Gründen (siehe S. 62ff.) verändert. Die Großeltern-Generation hat ihre Kinder unter anderen Bedingungen aufgezogen, sodass deren Haltung durchaus nachvollziehbar ist. Doch sollten Großeltern auch bedenken, dass sich die Zeiten ändern und fachlich geschultes Personal in den Einrichtungen dafür sorgt, dass es auch den Kleinsten an nichts fehlt.

»Sei doch mal konsequent und diskutiere nicht mit deinem Kind!«
Unsere Erziehung war geprägt von einer gewissen Strenge. Das gehörte zur Tagesordnung, wenn wir nicht hörten oder funktionierten, wie unsere Eltern das wollten. Heutige Elterngenerationen wollen das nicht. Sie sehen ihr Kind als vollwertiges gleichberechtigtes Mitglied ihrer Familie. Als solches soll es schon früh mitbestimmen können. Dazu gehört dann auch, mit einem Kind wie mit einem Erwachsenen zu sprechen.

»Was auf den Tisch kommt, wird gegessen!«
Wenn gekocht wurde noch ein Extrabrot fürs Kind? Kommt gar nicht in die Tüte. Eltern machen das heute aber, um unsinnigen Diskussionen aus dem Weg zu gehen. Dass Kinder in den ersten Jahren scheinbar nur von Nudeln, Würstchen und Ketchup leben, ist hinreichend bekannt.

»Warum müssen die Enkel eigentlich nach der Schule noch so vielen Hobbys nachgehen?«

Früher gingen unsere Kinder raus und spielten mit den Nachbarskindern. Heute werden Schulkinder täglich nach der Schule zu irgendeiner Freizeitaktivität gefahren. Warum eigentlich? Muss man Kindern so viel auferlegen? Sie sollten sich doch auch mal langweilen oder kreativ daheim spielen dürfen – ohne Freizeitstress.

Es ist sicher richtig, dass das Freizeitangebot für Kinder heute nicht mit dem früherer Generationen vergleichbar ist. Die meisten Eltern orientieren sich bei der Auswahl der Aktivitäten aber durchaus an den Interessen und Vorlieben ihrer Kinder und spüren, wann es zu viel wird. Die jungen Eltern bieten ihren Kindern auch deshalb die Möglichkeit, an musikalischen oder sportlichen Angeboten teilzunehmen, damit ihre Sprösslinge nach der Schule nicht zu Hause vor dem Fernseher oder am Computer sitzen, sondern weiter soziale Kontakte haben. Wenn Kinder das aber ablehnen, ist es gar nicht so einfach, sie zu überzeugen. Und: Einfach spontan »auf der Straße« spielen Kinder heute kaum noch, ihre Zusammentreffen laufen über Verabredungen.

»Müssen die Enkel schon wieder streiten? Können sie nicht einfach miteinander spielen?«

Bei uns ging es früher gefühlt leiser zu. Die Kinder haben entweder miteinander oder getrennt in ihren Zimmern gespielt und nicht permanent gestritten. Allerdings funktioniert das bei Kindern ähnlich wie bei Erwachsenen: Entweder man kommt gut miteinander aus oder eben nicht. Nur weil Kinder Geschwister sind, heißt das nicht, dass sie sich auch vertragen müssen.

»Sollte das Kind nicht schon langsam laufen/durchschlafen/normal essen/sprechen/Zähne haben …?«

Gefühlt waren unsere Kinder mit allem früher und schneller dran. Sie wussten auch schon früh, was sich gehört und was nicht. Meinen wir. Allerdings ist es in der Tat so, dass wir vieles vergessen haben von dem, was war. Ob das Kind nun mit 10 oder erst mit 14 Monaten laufen kann … auf die Füße kommen alle. Heute weiß man, dass die Entwicklung eines Kindes individuell ist. Bei einigen klappen gewisse Entwicklungsschritte eben eher als bei anderen.

Benehmen bei Tisch

Gute Tischmanieren sind eines der wichtigsten Werkzeuge, die Sie Ihrem Enkelkind mitgeben können. Zum Glück herrscht kein strenger Zwang beim Essen mehr. Vieles hat sich in den letzten Jahrzehnten gelockert. Das Vorbild der Erwachsenen ist dennoch nach wie vor gefragt. Kindgerechte Möbel, geeignetes buntes Geschirr und ein kleines Besteck für Kinderhände erleichtern das Erlernen einer gepflegten Tischkultur ebenfalls.

»Setz dich gerade hin!«, »Nimm die Ellbogen vom Tisch!«, »Der Teller wird leer gegessen!«: Diese Sätze kennen wir von unseren Eltern und Großeltern. Doch wollen wir sie so weitergeben? Sind die Regeln noch sinnvoll und wichtig? Auch da empfehle ich den goldenen Mittelweg: Tischmanieren und Essensregeln haben vielfach noch ihre Gültigkeit, auch wenn sie anders umgesetzt werden als früher. Sie sind Teil einer gegenseitigen Rücksichtnahme und nützen uns selbst weit mehr, als uns oft bewusst ist.

Wird das Essen in größeren Stücken serviert, kommen Gabel und Messer ins Spiel. Ein Kinderbesteck aus Metall liegt gut in der Hand. Die kindgerechte Gabel lässt sich durch ihre Proportionen sicher halten, ein Kindermesser mit einem ausgewogenen Gewicht hilft dabei, das Schneiden der Speisen zu lernen und sie bald mit etwas Übung auf die Gabel zu schieben. Vertiefung und Form von Löffel und Gabel sind so gehalten, dass die Speisen sicher im Mund landen. Gekaut wird mit geschlossenem Mund, das machen Oma und Opa gern vor.

Alles aufessen, was auf dem Teller liegt! Dieser Grundsatz sollte über Bord geworfen werden. Anders als früher dürfen Kinder ihre Portionen selber bestimmen. Nur wenn die Portion augenscheinlich zu groß ist, greifen die Großeltern regulierend ein. Lieber einen Nachschlag holen oder den Nachtisch genießen, heißt die Devise. Warum? Kleinere Portionen verleiten weniger zum Matschen, und das Enkelkind lernt, sein natürliches Sättigungsgefühl zu bewahren. Übergewicht und seinen Begleiterkrankungen kann so vorgebeugt werden.

Angenehme Tischmanieren haben nicht nur gesellschaftliche Vorteile. Regeln, wie nicht mit vollem Mund zu sprechen, bewahren das Enkelkind davor, sich zu verschlucken. Beim Essen nicht über dem Tisch zu hängen hat auch einen praktischen Wert, denn die Kleidung wird weniger verschmutzt. Natürlich ist es wichtig, dass die Erwachsenen vorleben, was sie sich vom Kind wünschen. Bei der gemeinsamen Mahlzeit sitzen möglichst alle am Tisch, bis der Letzte mit dem Essen fertig ist. Und später gilt: Handy, Fernseher und Comic-Heft sind tabu. Auch der kleine Imbiss sollte am Tisch stattfinden. So wird das Essen gewürdigt.

OMAS TAGEBUCH

Löffel als Schlaginstrument

Linus, mein 15 Monate alter Enkel, ist dabei, die Welt zu entdecken. Er kann inzwischen laufen und auf ein nicht zu hohes Sofa klettern, und er kann mit dem Löffel Krach machen und die Großen provozieren. Nachdem er schon zwei winzige kleine Löcher in unseren Esstisch gehauen hat, gibt es jetzt ein lautes Nein, wenn seine Schlagzeug-Lust ihn mal wieder übermannt. Dann guckt er schelmisch, sagt »oh, oh« – und haut ungerührt weiter. Dann wird der Schlagstock einkassiert, und Linus reagiert unerwartet friedlich.

Vergessen hat er die Ermahnung allerdings nicht. Wenige Minuten später tippelt er durchs Zimmer, nimmt seine Plastikflasche und haut an die Glastür, ganz vorsichtig dieses Mal. Und dabei guckt er Opa an, um dessen Reaktion zu testen. Der ist nämlich strenger und konsequenter als Oma. Das hat der kleine Knirps auch schon gemerkt. Und wenn Opa dann von der Zeitung hochguckt, grinst Linus verlegen und stellt die Flasche weg. Und wenn dann noch ein »Oh, oh« von ihm kommt, drehen wir uns grinsend um, damit er unsere Reaktion nicht sieht. Wir haben ja schließlich einen Erziehungsauftrag.

Verwöhnen mit Augenmaß

Die Beziehung zwischen Großeltern und ihren Enkeln ist etwas ganz Besonderes. Beide Partner können stark von der gemeinsamen Zeit profitieren.

Auch für Eltern kann es viele Vorteile haben, wenn sie einen liebevollen und vertrauten Umgang zwischen Großeltern und Enkelkindern unterstützen. Warum? Wenn ihr Kind bei Oma und Opa ist, gewinnen sie selbst wieder ein Stück Freiheit für eigene Interessen und können ihre Paarbeziehung stärken. Wenn sich die Kleinen bei Oma und Opa wie zu Hause fühlen können, wird jeder Besuch das Leben beider Seiten bereichern. Es gibt so viele Gründe, warum Oma und Opa für ihre Enkelkinder wichtig sind: Sie können Vorbilder, Seelentröster, Spaßmacher, Vertraute sein.

Aber wie finden Großeltern die richtige Balance zwischen Geben und Nehmen, um das Enkelkind nicht maßlos zu verwöhnen, ihm nicht jeden Wunsch sofort zu erfüllen, es nicht mit Geschenken zu überschütten? Hier den richtigen Weg zu finden ist gar nicht so einfach. Vor allem größere Geschenke sollten erst nach Absprache mit den Eltern gekauft werden.

Kinder lieben es, bei Oma und Opa einen kleinen Urlaub vom Alltag zu genießen. Dabei geht es ihnen gar nicht um materielle Geschenke. Mit Oma kochen und backen, mit Opa in der Werkstatt oder im Garten werkeln, spannende Dinge auf dem Dachboden entdecken und endlich Radfahren ohne Stützräder lernen – das sind Situationen, an die sich Ihr Enkelkind immer erinnern wird. Das Schöne an der Großelternzeit ist ja, dass Oma und Opa viel Zeit für all die kleinen und großen Dinge haben, die im stressigen Familienalltag auf der Strecke bleiben. Und die Enkel spüren: Oma und Opa schenken ihre Zeit und Aufmerksamkeit aus vollem Herzen.

Da kann ich aus meinem eigenen Erfahrungsschatz plaudern: Mit meinen kleinen Söhnen zu kochen oder zu backen war mir viel zu aufwendig und zeitintensiv (das halbe Mehl auf dem Boden und danach die Küche feudeln? Nein, danke!) Mir fehlten einfach die Ruhe und Geduld. Mit Enkel Linus (8) oder Enkelin Paula (6) Pfannkuchen zu machen ist dagegen ein Vergnügen. Das Ei landet auf der Arbeitsplatte statt im Rührbecher? Das macht doch nichts, nehmen wir eben ein neues. Der Tisch ist

schnell wieder sauber gewischt. Es eilt ja nicht. Mit dem Enkelkind einen Ausflug zu machen, zum Schwimmen, in den Wald oder zum Tierpark zu fahren gehört auch zu den schönen Erlebnissen, an die sich Ihr Enkelkind später gern erinnern wird.

Grenzen aufzeigen

Strenge Großeltern? Das kann man sich doch eigentlich überhaupt nicht vorstellen. Dennoch: Strenge Großeltern müssen sein, um den Enkelkindern auch Grenzen aufzuzeigen. Leider hört Erziehung nicht auf, wenn man Enkelkinder hat. Natürlich übernehmen die Eltern den Großteil dieser Aufgabe. Dennoch sollten Großeltern Grenzen setzen und den Enkeln klarmachen, dass man sich bei Oma und Opa gut benehmen muss, wenn man öfter kommen möchte. Wenn Oma und Opa die Enkelkinder aber ständig maßregeln, besteht die Gefahr, dass die Enkel nicht mehr zu Besuch kommen wollen. Das möchte man natürlich nicht, insofern ist es für alle am besten, wenn man auch hier einen guten Mittelweg findet.

OMAS TAGEBUCH

Im Bademantel an die Pommes-Bar

Ich fühle mich geehrt. Linus (3) hat mir den Vorzug gegeben. Er hatte die Wahl zwischen Ausflug mit der Kita ins Tobeland oder schwimmen gehen mit Oma. Ich habe gewonnen. Das heißt für mich: drei Stunden voller Konzentration, aber auch voller Freude. Es ist immer dasselbe Ritual. Immer derselbe Schrank im Familienraum des Schwimmbades, dann duschen (Linus will nicht), dann sofort Schwimmflügel anlegen (Anweisung von Papa). Das Babybecken interessiert Linus nicht mehr, er will sofort ins 30 Grad warme Becken, Anfangstiefe 90 Zentimeter. Mutig schreitet er voran, das Wasser steht ihm bis zum Kinn. Und während er die ersten Male stets auf meinem Arm verbrachte, ich ihn nicht loslassen durfte, schwimmt er jetzt allein, springt sogar vom Beckenrand. Nach anderthalb Stunden rein, raus, rein, raus habe ich keine Lust mehr. Ich ziehe meinen nächsten Trumpf: Bademäntel an und an die Pommes-Bar. Auf dem Rückweg im Auto dauert es keine fünf Minuten, dann ist Funkstille. Zu Hause angekommen, bleiben wir noch eine halbe Stunde im Auto. Ich lese und lasse ihm die Pause. Schlafende Kinder sind ja sooo süß.

Klippen, die Sie beim Verwöhnen geschickt umschiffen können

- ***Süßigkeiten***
  Die Ernährung ist ein häufiges Streitthema zwischen Eltern und Großeltern. In den Medien wird zunehmend darauf hingewiesen, dass Zucker schädlich ist, besonders bei kleinen Kindern. Wenn die Eltern sich dazu entschieden haben, auf Zucker zu verzichten, sollten die Großeltern das respektieren.

- ***Medienkonsum***
  Die Nutzung von Medien ist heute mehr denn je zu einem Streitthema geworden. Hier ist es sehr wichtig, mit den Eltern abzusprechen, was erlaubt ist.

- ***Routine***
  Eltern haben in der Regel eine feste Routine für ihr Kind. Das bedeutet, dass das Kind zum Beispiel auch feste Schlafzeiten, Zeiten fürs Essen und zum Spielen hat. An dieser Routine sollten sich auch die Großeltern orientieren.

- ***Geschenke***
  Es ist schwierig, das richtige Geschenk zu finden, denn dieses soll auch den Eltern gefallen. Laute oder blinkende Spielzeuge können bei den Kindern sehr gut ankommen, aber bei den Eltern für Groll sorgen. Die Eltern können auch verärgert sein, wenn sie besonderen Wert auf plastikfreie oder geschlechtsneutrale Spielzeuge legen und die Großeltern das nicht berücksichtigen. Am Ende sind die Eltern verstimmt und die Großeltern traurig, weil sie ja ihrem Enkel nur eine Freude machen wollten. Auch hier ist Absprache das beste Mittel, Enttäuschungen zu vermeiden.

Erziehung damals und heute

»Die Generation, die nach dem Zweiten Weltkrieg aufgewachsen ist, wie auch die Generation der Babyboomer, hat Werte wie Zuversicht, Zusammenhalt und Respekt verinnerlicht. Sie praktizieren Tugenden wie Verzicht und Disziplin. Damit können Großeltern ein Vorbild für ihre Enkel sein.«

So der Soziologe Dr. Andreas Reidl in einem Statement zum Großelterntag 2020 in Bayern. Gibt es diese Werte noch, und wie hat sich die Erziehung damals im Vergleich zu der von heute verändert? Ulrike Glingener, Diplom-Sozialpädagogin des SOS-Kinderdorfs Bremen, sagt dazu Folgendes: »Die Erziehung ist heute sehr verschieden von der, die die heutigen Großeltern (50–60 Jahre alt) erlebten, denn die Überzeugungen, was Kinder brauchen, um gut aufzuwachsen, waren andere. Die Bedürfnisse von Kindern wurden früher nicht so sehr beachtet. Dass Kinder am Anfang ihres Lebens vor allen Dingen liebevolle und verlässliche Bindungspersonen brauchen, um Vertrauen in sich und die Welt zu bekommen, wurde in den letzten 20–30 Jahren aus der Entwicklungspsychologie bekannt. Schon das sogenannte Bonding (siehe auch Kapitel 3) ist wichtig für die Mutter-Kind-Beziehung. Vor 50 Jahren gab es auf dem Land noch viele Hausgeburten, in der Stadt aber ging die moderne Frau in die Klinik. Rooming-in in der Geburtsklinik gibt es erst seit den späten 1970er-Jahren. Die Babys lagen alle in einer Babystation und wurden den Müttern alle vier Stunden zum Füttern gebracht. Heute wird das Baby der Mutter nach der Geburt auf ihren Bauch und gleich an die Brust gelegt, wenn möglich nach Bedarf gestillt oder mit der Flasche gefüttert. Die damalige Überzeugung war, dass es einen festen Rhythmus für Füttern, Wickeln, Schlafen, Baden, Spazierengehen geben sollte, auch um die Kinder nicht zu verwöhnen. Heute bekommen die Eltern im Krankenhaus ein Begleitbett, wenn ihr Kind dort behandelt wird.«

Vieles hat sich verändert

Wenn man darüber nachdenke, fielen einem noch viel mehr Punkte ein, die sich in Erziehungsfragen verändert haben, so Glingener. »Der Kinderwagen wurde früher überwiegend von den Müttern geschoben. Heute will ein werdender Vater meist bei der Geburt dabei sein, Wickeln und Baden sind auch ihm vertraut, und er beginnt nicht erst mit dem Kind zu spielen, wenn es schon einen Fußball treten kann. Babys schliefen früher im eigenen Bett, oft allein im eigenen Kinderzimmer. Es gab nur Babygymnastik vor dem Baden, sonst lagen die Babys viel herum. Bereits in den 1980er-Jahren wurden traditionelle Methoden anderer Kulturen als natürlicher propagiert. Das Baby als ›Tragling‹ wurde entdeckt, das Familienbett für alle und die Bedeutung von Körperkontakt für eine gute Entwicklung.

Das Denken und Fühlen heutiger Eltern kreist viel mehr um die Kinder als früher, ihr Potenzial soll gefördert werden, manche Eltern entwickeln sich gar zu ›Helikopter-Eltern‹ und lassen dem Kind wenig Freiraum. In der Erziehung wird jetzt wieder mehr darauf geachtet, dass Kinder zwar mitbestimmen dürfen, aber auch Grenzen und Regeln und soziale Verantwortung lernen. Die Methoden sind nicht mehr strafend, sondern es geht mehr um das Vorbild und das eigene konsequente Verhalten, mit dem Eltern ihre Kinder zur Zusammenarbeit erziehen. Mit Jugendlichen wird verhandelt, welche Freiheiten sie ausprobieren können, die Konflikte und Brüche zwischen Eltern und Kindern sind meist nicht mehr so heftig wie früher. Kinder haben inzwischen ein Recht auf gewaltfreie Erziehung.«

Die Universität von Michigan hat die Konflikte zwischen Eltern und Großeltern genauer unter die Lupe genommen. In einer Umfrage wurden 2016 Eltern von Kindern unter 18 Jahren befragt. Herausgekommen ist, dass fast die Hälfte der Eltern schon mal mit den Großeltern über die Erziehung der Enkel gestritten hat. Zu den häufigsten Streitpunkten zwischen Großeltern und Eltern gehören:

- *Einhalten von Regeln und der nötigen Disziplin mit 57 %*
- *Mahlzeiten und Snacks mit 44 %*
- *TV- und Onlinezeit mit 36 %*
- *Benehmen mit 27 %*
- *Gesundheit mit 25 %*

Ansprechen, was einen stört!

Wenn Großeltern sich in die Erziehung einmischen, entsteht bei jungen Eltern schnell der Eindruck, man traue ihnen die Kindererziehung nicht zu. Ich weiß aus Erfahrung mit zwei Schwiegertöchtern, dass es schwer ist, die richtigen Worte zu finden, wenn man in Sachen Kindererziehung nicht einer Meinung ist. Die Oma meint es eigentlich gut, aber die Tochter/Schwiegertochter fühlt sich schnell bevormundet oder nicht ernst genommen, wenn ihre Regeln nicht eingehalten werden. Gut gemeinte Ratschläge werden schnell als Einmischung wahrgenommen. Das sorgt für Frust. Was tun? Keine Lösung ist es, den Frust hinunterzuschlucken und Probleme totzuschweigen. Zu einem großen Familienstreit kommt es meistens dann, wenn Probleme sich über Monate anstauen. Helfen kann meist nur ein klärendes Gespräch. Dabei sollte man jedoch einiges beachten:

Wichtige Kommunikationsregeln

- *Keine Anschuldigungen. Am besten ist es, von seinen Gefühlen und seiner Sichtweise zu reden, anstatt den anderen mit Vorwürfen zu konfrontieren.*
- *Den richtigen Zeitpunkt wählen. Und der ist nicht zwischen Tür und Angel, wenn das Kind abgeholt wird. Beide Parteien sollten sich Zeit nehmen.*
- *Gedanken und Gefühle vorher sortieren. Anstatt aus dem Affekt draufloszuschimpfen, sollte man sich vorher genau überlegen: Was stört mich? Was soll sich ändern? Wie können wir das erreichen?*
- *Wertschätzung und Respekt. Die wichtigste Devise lautet: Ruhig bleiben, selbst wenn bei dem Gespräch nur herauskommt, dass man sich nicht einig ist. Der Kontakt zwischen Eltern, Großeltern und Enkeln soll nicht darunter leiden.*
- *Verständnis für die Gegenseite. Gerade als Großeltern ist es wichtig anzuerkennen, dass die eigenen Kinder eben keine Kinder mehr sind, sondern selbst Eltern. Man sollte sie ernst nehmen und ihre Entscheidungen und Erziehungsmethoden akzeptieren. Aber auch die Kinder sollten anerkennen, dass es nicht selbstverständlich ist, dass Oma und Opa immer da sind, um zu helfen.*

Großeltern in der Ferne

Wenn die Familie nah beieinander wohnt, ist der Kontakt oft sehr intensiv, und es gibt viele Möglichkeiten, gemeinsam Zeit zu verbringen. Aber auch über größere Entfernungen hinweg kann die Beziehung zwischen Großeltern und Enkeln sehr eng sein.

So können Familien zum Beispiel schon früh das feste Wochenende bei Oma und Opa als Ritual einführen, das allen Seiten gut tut. Wichtig ist dabei vor allem, dass alle die gemeinsame Zeit genießen können und die Kinder bei Oma und Opa ein zweites Zuhause haben, in dem sie sich so richtig wohlfühlen.

Wir hatten Glück, unsere vier Enkelkinder wohnen im Umkreis von 30 Kilometern. Ich kenne aber einige junge Mütter, deren Eltern weit weg leben. Wenn die Enkel noch klein sind, muss Mama oder Papa immer mit, wenn mehrtägige Besuche geplant sind. Damit Oma und Opa bei seltenen Besuchen den Enkeln nicht allzu fremd sind, bietet es sich an, regelmäßig (mindestens einmal wöchentlich) per Skype oder Handy zu chatten, damit die Kinder die Großeltern sehen und wenigstens virtuell schon mal kennenlernen. Wenn es dann zur persönlichen Begegnung kommt, sind anfängliche Hemmungen schnell überwunden. Das geht bei Kindern erstaunlich unkompliziert.

Kurzurlaub bei Oma und Opa

Sind die Enkelkinder im Grundschulalter, können schon mal kleine Urlaube allein bei Oma und Opa abgesprochen werden. Davon haben dann alle etwas: Die Eltern werden entlastet und können mal wieder ihr Ding machen, das Enkelkind freut sich über eine neue Umgebung mit täglichem kurzweiligem Verwöhn-Programm, und Oma und Opa werden unterhalten und auf Trab gehalten. Und sie werden feststellen: Es wiederholt sich alles, das Karten- oder Brettspiel, die Ausflüge, die Lieblingsspeisen, der Wunsch, abends länger aufzubleiben. Urlaub mit den Enkeln ist eine Bereicherung und eine Erinnerung an jene Zeit, als die eigenen Kinder klein waren.

»Wohnen Familien weit auseinander, können sie auch über regelmäßige Videochats einen intensiven Kontakt pflegen.«

KAPITEL 5

Die Kindergartenzeit ist da

Mit dem Besuch des Kindergartens macht Ihr Enkelkind die ersten kleinen Schritte in die Selbstständigkeit. Hier lernt es vieles, was am Oma-Tag gefestigt werden kann. Es gibt zahlreiche Möglichkeiten, die Zeit mit den Kleinen sinnvoll und zur Freude aller zu verbringen.

Was sich verändert und was Kinder jetzt brauchen

Wenn die Enkelkinder 3 Jahre alt sind, kommen sie in der Regel in die Elementargruppe der Kindertagesstätte.

Die Ansprüche an die Großeltern, den Tag zu gestalten, werden größer. Kinder sind von Natur aus neugierig und wollen immer etwas Neues entdecken. Vorlesen geht immer, singen und dazu mit Händen und Füßen Bewegungen machen (immer dieselben, damit die Kleinen schnell mitmachen können) macht meinen Enkelkindern besonders viel Spaß, am meisten Vergnügen aber bereiten ihnen selbst ausgedachte Geschichten und Rollenspiele. Ich erzähle kleine Geschichten aus dem Alltag, nehme dabei Plüschtiere zu Hilfe, und Linus oder Paula hängen dann gebannt an meinen Lippen, werden in das Spiel einbezogen und machen begeistert mit.

Das Schönste am intensiven Spiel: Ich nehme mir viel Zeit. Die Enkelkinder haben bei ihren Besuchen ihre Oma nur für sich, und darauf legen sie auch großen Wert. »Du hast gesagt, du willst mit mir spielen«, betont Linus, wenn ich ihn ermuntern möchte, sich mal eine halbe Stunde allein zu beschäftigen.

Kitas in Deutschland: ein paar Eckdaten

Zu Hause sind Kinder die Hauptpersonen, in der Kita ist das Enkelkind eines unter vielen. Die Größe der Kita-Gruppen macht auch Eltern Sorgen. Laut einer Bertelsmann-Studie ist den meisten Eltern Qualität am wichtigsten. 53 Prozent der armutsgefährdeten und 59 Prozent der bessergestellten Eltern würden für mehr Personal und bessere Ausstattung der Kitas höhere Beiträge zahlen. Für die Studie ElternZOOM wurden zwei Befragungen durchgeführt, an der rund 10 000 Eltern teilgenommen haben.

Ergebnis: Die finanzielle Belastung von Kita-Beiträgen ist in Deutschland ungerecht verteilt. Familien unterhalb der Armutsrisikogrenze müssen prozentual einen fast doppelt so hohen Anteil ihres Haushaltseinkommens zahlen wie bessergestellte Eltern. Denn armutsgefährdete Eltern, deren Einkommen weit unter dem Bundesdurchschnitt liegt, geben monatlich 9,8 Prozent ihres Haushaltsnettoeinkommens für die Kita aus, Eltern oberhalb der Armuts-

risikogrenze nur 5,1 Prozent. Zum Grundbeitrag kommen noch Zusatzgebühren für Mittagessen, Hygieneartikel oder Ausflüge.

Die Kita-Gebühren fallen sehr unterschiedlich aus, je nachdem, in welchem Bundesland die Familie wohnt: Am höchsten sind die Beiträge in Schleswig-Holstein, Mecklenburg-Vorpommern, Niedersachsen und im Saarland. Am wenigsten zahlen die Eltern in Bayern, Berlin, Rheinland-Pfalz und Hamburg. Das bevölkerungsreichste Bundesland Nordrhein-Westfalen liegt leicht über dem Bundesdurchschnitt. Baden-Württemberg ist eines der teuersten Bundesländer für Familien. Eine Ermäßigung der Kita-Gebühren ist erst bei sehr niedrigem Einkommen möglich. Nur 4 Prozent aller Familien sind von den Gebühren befreit. Die Bertelsmann-Stiftung fordert deswegen einheitliche Kita-Gebühren in allen Bundesländern und Gebührenfreiheit für armutsgefährdete Familien.

Sport mit den Enkeln

Linus und ich haben früh mit Sport begonnen. Als er eineinhalb Jahre alt war, sind wir zum »Mutter-Kind-Turnen« (auch Omas durften kommen) gegangen. Das bietet fast jeder Sportverein an. In der Turnhalle wird eine Spiellandschaft mit großen Matten, Kästen und Bänken aufgebaut, die von den Kleinen an der Hand der Mutter/Oma oder vielleicht auch schon allein erklettert werden können. Zum Schluss wird ein Kreis gebildet und gesungen. Eine schöne Beschäftigung, die dem Kind Freude macht und die Oma fit hält.

Sport und Bewegung ist in jedem Alter wichtig. Das ist eigentlich weithin bekannt. Die Orthopäden in der Fernsehserie »Die Bewegungs-Docs« weisen immer wieder auf den wichtigen Zusammenhang zwischen Bewegung und Gesundheit hin und zeigen beeindruckende Beispiele: Übergewichtige Menschen, die sich nicht gern bewegen mochten und konnten, wurden durch regelmäßiges Training und gesunde Ernährung wieder fit. Wer mindestens zweimal pro Woche trainiert, verbessert seinen Blutdruck und gewinnt Kraft und Beweglichkeit zurück. Das Problem: Nicht jeder hat ein »Sport-Gen« in sich und somit den inneren Drang, sich bewegen zu müssen.

»Tut beiden gut: Bewegung für Oma und Enkel.«

Da ist es einfacher, gemeinschaftlich zu sporteln. Und was spricht dagegen, mit den Enkeln aktiv zu werden? Ich selbst kann mir den Alltag ohne Sport gar nicht vorstellen, auch wenn es an manchem Tag nur mein Ziel ist, mindestens zehntausend Schritte zu gehen. Unser Enkel Linus hatte bei uns zunächst ein Dreirad, dann diverse Fahrräder, damit wir bei seinen Besuchen gemeinsam aktiv sein konnten. Das machte mir allerdings oft mehr Spaß als ihm. Ich erinnere mich noch gut an seinen Spruch, als wir kaum drei Kilometer mit dem damals noch sehr kleinen Rad gefahren waren: »Oma, meine Hände sind schwitzig, und mein Rücken tut weh.« Da war er erst fünf, aber auch mit 8 Jahren gehört das Radfahren nicht zu seinen Lieblingstätigkeiten. Er schwimmt lieber, klettert oder springt Trampolin.

Man sollte dennoch am Ball bleiben, da inzwischen erwiesen ist, dass viele Kinder sich zu wenig bewegen und zu schwer für ihr Alter und ihre Größe sind. Die Coronapandemie hat mit dazu beigetragen, dass sich Kinder und Jugendliche nur zwischen Fernseher/Computer und Küche bewegt haben. Auch bei Senioren ist es für Sport nie zu spät. Selbst wenn Sie die vergangenen Jahre sportlich pausiert haben, lohnt es sich, aktiver zu werden. Ihr ganzer Körper wird es Ihnen danken, Sie werden sich insgesamt fitter und wohler fühlen. Wenn Sie eine Sportart finden, die Sie gemeinsam mit Ihrem Enkel ausüben können, sorgt das für Spaß auf beiden Seiten – und der ist wichtig, um möglichst motiviert und lange bei der Sache zu bleiben. Doch bevor Sie sich mit Ihrem Enkel auf Sportsuche begeben, sollten Sie sich von Ihrem Arzt gesundheitlich durchchecken lassen und seine Meinung anhören.

Welche Sportart ist die richtige?

Je nach Alter des Kindes gibt es verschiedene Möglichkeiten. Hier einige Tipps, die noch dazu Rückenschmerzen vorbeugen:

Schwimmen
ist ein idealer Einstieg, um beim Sport mit den Enkeln in Schwung zu kommen. Der Wasserauftrieb schont die Gelenke, die Bewegung entlastet die Wirbelsäule. Beim Schwimmen wird außerdem die gesamte Körpermuskulatur trainiert. Wichtig ist die richtige Technik. Besonders rückenfreundlich sind Kraulen und Rückenschwimmen. Aber auch Brustschwimmen ist geeignet, sofern die Armarbeit dazu genutzt wird, über Wasser einzuatmen und unter Wasser auszuatmen. Ist das Kind jünger und braucht noch Schwimmhilfen, sorgt der gemeinsame Aufenthalt im Schwimmbad auf jeden Fall für Bewegung.

Radfahren
ist für jedes Lebensalter geeignet und gut für den Rücken, wenn das Rad für den Fahrer richtig eingestellt worden ist. Vor allem die unteren Rückenmuskeln werden durch das Fahrradfahren trainiert. Damit keine Überlastungen oder Fehlhaltungen entstehen, müssen die Rahmengröße des Fahrrades, die Sattel- und Lenkerhöhe sowie der Abstand zwischen Sitz und Lenker stimmen. Beim Fahren dürfen keine Schmerzen, Druck- oder Taubheitsgefühle in den Gliedmaßen entstehen. Mithilfe von Laufrädern können schon die kleinsten Enkel so mit ihren Großeltern aktiv werden. Der Einsatz von Stützrädern ist umstritten, da er nicht dazu beiträgt, die Balance zu halten.

Nordic Walking
ist im Vergleich zum Joggen gelenk- und rückenschonender, da keine schnellen und harten Landungen abgefedert werden müssen. Zusätzlich werden bei korrekter Stockhaltung die Arm- und Rückenmuskeln trainiert und die Ausdauer langsam gesteigert. Dieser Sport ist auch gemeinsam mit den Enkeln möglich und für Kinder ab etwa 4 Jahren geeignet. Wichtig ist der richtige Umgang mit den Stöcken, weshalb eine fachliche Beratung bei deren Kauf sinnvoll ist.

Unterstützung mit Augenmaß: Talente und Neigungen der Enkel fördern

Ist mein Enkelkind sportlich oder hat es eine musikalische Begabung? Das muss man behutsam herausfinden. Manchmal bedarf es eines kleinen Schubses – der aber auch nach hinten losgehen kann.

Mein Versuch, Enkel Linus frühzeitig musikalisch zu fördern, ist gescheitert. Als er knapp vier war, hatte ich ihn zur »musikalischen Früherziehung« an unserer Musikschule angemeldet. Beim ersten Treffen durften Mamas und Omas dabei sein, die Kinder wurden vorsichtig an Klanghölzer und Tanz mit Tüchern herangeführt. Am Ende der ersten Stunde kam dann gleich die Ansage der Musiklehrerin an die Mamas/Omas, die Kinder künftig allein abzugeben und draußen zu warten. Das war's dann für Linus: Beim zweiten Mal war er im Auto eingeschlafen und wollte gar nicht aussteigen, ein drittes Mal gab es nicht. Er weigerte sich einfach mitzukommen. Er war wohl noch zu jung für so viel Selbstständigkeit. Zum Glück wurden keine Gebühren fällig. Mit der Förderung ist es also so eine Sache: Das Kind muss mitspielen, und es ist gar nicht so einfach, das passende Musik- oder Sportangebot für sein Enkelkind zu finden.

Vorlesen

Eigentlich nichts Neues und doch immer wieder wichtig zu sagen: Vorlesen macht Kinder fit für die Schule. Je mehr Sie Ihren Enkelkindern vorlesen, desto besser deren Noten und soziale Fähigkeiten. Das ergab eine Studie der Stiftung Lesen. Vorlesen ist also nicht nur ein netter Zeitvertreib an Regentagen, sondern fördert die Entwicklung Ihrer Enkel positiv. 83 Prozent der befragten Kinder, denen täglich vorgelesen wurde, gaben an, sehr gern zur Schule zu gehen. Bei Kindern, denen nicht oder nur selten vorgelesen wird, sind es nur 43 Prozent. Weiter haben 70 Prozent der »Vorlesekinder« gute oder sehr gute Schulnoten. Was aber genauso wichtig ist: Nicht nur auf die schulischen Leistungen, auch auf die Entwicklung der Persönlichkeit hat Vorlesen einen positiven Einfluss: Kinder, die regelmäßig in den Genuss des Vorlesens kommen, werden häufiger als fröhlich und selbstbewusst beschrieben als die Vergleichsgruppe. Diese Kinder sollen verantwortungsvoll und zupackend sein und ihre Ideen kreativ voranbringen, so das Ergebnis der Studie.

Weitere positive Effekte des Vorlesens

- *Vorlesen stärkt die Beziehung zwischen Großeltern und Enkelkind.*
- *Es fördert den passiven und aktiven Sprachschatz des Kindes.*
- *Die Kinder werden empathischer und handeln entsprechend, da in Geschichten gern über Gefühle gesprochen wird und sich daraus Handlungen zum Nachahmen ergeben.*
- *Der Gerechtigkeitssinn wird besser ausgeprägt, da in den Geschichten auch häufig über ›gut‹ und ›böse‹ gesprochen wird.*
- *Ein Kind, das Interesse und Solidarität zeigt, wird sich auch später aktiver engagieren.*

Was können Großeltern tun

Das sind alles gute Gründe, die Sozial- und Sprachkompetenz eines Kindes zu fördern. Aber wie kann ich die intellektuelle Stärke eines Kindes sehen? Wie fördere ich hier angemessen? Dr. Birgit Oschmann, seit über 20 Jahren Leiterin des Instituts für das begabte Kind in Bochum, sagt, dass Großeltern eine wichtige Rolle beim Erkennen und Fördern der Begabungen ihrer Enkel einnehmen können. Warum? Großeltern nehmen sich meist mehr Zeit für Förderung, Spaß und Spiel mit ihren Enkelkindern. Sie beobachten und begleiten die Entfaltung der kleinen Persönlichkeiten, haben Freude an den großen und kleinen Entwicklungsschritten und können andere Sachen auch einfach mal liegen lassen. Eltern sind in der Regel froh über diese Großeltern-Zeit, da es für junge Familien immer genug zu tun gibt. Großeltern ziehen auch gern mal ihren Erfahrungsschatz heran: Liegt vielleicht eine besonders hohe Befähigung in bestimmten intellektuellen Bereichen vor?

Anfragen hierzu erhält Birgit Oschmann immer wieder. In ihrem Institut erstellt sie daher auch Intelligenztests im Sinne einer Stärken- und Schwächenanalyse und steht den Familien bei Fragen und Problemen zur Seite. »Ich teste hier nicht mit dem Ziel ›Hochbegabung‹, sondern ich erstelle mithilfe eines IQ-Tests ein Begabungsprofil, das die individuellen Stärken und Schwächen des Kindes widerspiegelt sowie bei Forderung und Förderung in der Erziehung hilft oder auch bei wichtigen schulischen Fragen unterstützt«, so Oschmann.

Großeltern können sich nach Ansicht der Expertin bei der Förderung ihrer Enkelkinder gut einbringen: »Kinder brauchen viel Aufmerksamkeit und Raum, um ihre Begabungen zu entfalten. Großeltern sind dabei für die Enkel eine wertvolle Stütze, denn sie haben oftmals die nötige Zeit und Geduld zum Vorlesen, für Knobelspiele, zum Erkunden. Die Kinder können sich bei Oma und Opa auf das konzentrieren, was sie interessiert und was ihnen am meisten Freude bereitet.« Dabei entwickelten Großeltern häufig ein gutes Gespür, was den Kindern liegt und was nicht. »Nicht hinter jeder Begabung steckt auch gleich eine Hochbegabung. Aber jedes Kind, jede Begabung verdient es, gefördert zu werden«, so Oschmann. Aber woran können Oma und Opa denn nun erkennen, ob ihr Enkelkind eine besondere Begabung mitbringt?

Talente und Hochbegabung

Der Begriff »Hochbegabung« bezieht sich – anders als beispielsweise die Verwendung des Begriffs »Talent« – auf rein intellektuelle Fähigkeiten. Hochbegabten Kindern wird eine besonders hohe Intelligenz und damit eine herausragende Denk- und Problemlösungsfähigkeit bescheinigt. Sie verfügen in der Regel über eine gute Lernfähigkeit, eine schnelle Auffassungsgabe und ein außerordentlich gutes Gedächtnis. In ihrer geistigen Entwicklung sind hochbegabte Kinder anderen Kindern ihres Jahrgangs oft um Monate oder gar Jahre voraus.

»Hochbegabte Kinder verfügen über das Potenzial zu außergewöhnlichen Leistungen«, erklärt Birgit Oschmann. »Ob sie diese Leistungen auch erbringen, hängt jedoch von der jeweiligen Förderung und den Bedingungen des Umfelds ab, in dem die Kinder aufwachsen. Hochbegabung ist daher nicht automatisch mit außergewöhnlicher Leistung gleichzusetzen. Insofern ist ein hochbegabtes Kind auch nicht immer einfach zu erkennen. Die Neugier ist in jungen Jahren sehr ausgeprägt: Wörter werden hinterfragt und Detailwissen wird aufgebaut, dann wird sich in ein Thema vertieft und alles dazu aufgesogen.«

Viele Kinder haben einen ausgeprägten Sinn fürs Sortieren und Ordnen. Oftmals haben hochbegabte Kinder ein großes Interesse an Zahlen und Mengen sowie Buchstaben, manche können schon lange vor Schuleintritt lesen – manche interessieren sich jedoch gar nicht für schulische Dinge. Viele hochbegabte Kinder können sich über lange Phasen konzentrieren, wenn sie intellektuell gefordert werden.

Bei Wiederholungen oder Routinetätigkeiten bricht die Konzentration dann aber schnell in sich zusammen.

»Gerade bei kleineren Kindern führt das dazu, dass sie sich nicht besonders gruppenkonform zeigen, was die Arbeit für Erzieherinnen und Lehrkräfte nicht immer einfach macht. Bei Oma und Opa müssen sich die Kinder nicht dem Tempo oder den Interessen anderer Kinder anpassen – meistens wird ihnen viel Freiraum gelassen.«

Eine sichere Aussage liefert nur ein normierter Intelligenztest. Ein Kind gilt dann als hochbegabt, wenn es in entsprechenden Tests einen IQ von über 130 erreicht. Aktuell sind etwa zwei Prozent der Kinder eines Jahrgangs intellektuell hochbegabt, weitere 15 Prozent sind überdurchschnittlich intelligent.

Tipps für den Alltag

Wenn Großeltern feststellen, dass ihr Enkelkind ein besonderes Talent hat (musisch, anderweitig kreativ oder sportlich), gibt es viele Möglichkeiten, den Enkel zu fördern:

- *Gemeinsam singen, musizieren oder in Konzerte gehen*
- *Ins Museum gehen und sich inspirieren lassen*
- *Mal- und Bastelsachen bereithalten*
- *Auf Entdeckertour in die Natur gehen*
- *Kletter- oder Trampolinhallen aufsuchen*
- *Für ein Instrument begeistern und Unterricht bezahlen*
- *Einen Kurs in einer örtlichen Malschule schenken*
- *Mit Opa Schach spielen*
- *Sportvereine vor Ort besuchen und verschiedene Sportarten ausprobieren*

OMAS TAGEBUCH

Linus – doch nicht hochbegabt?

Ich hatte keine Lust mehr, ständig mit Feuerwehr- oder Polizeiauto auf den Knien am Boden herumzurutschen, und wählte für meinen viereinhalbjährigen Enkel ein Zahlenspiel. Linus kannte es schon, hatte es schon einige Male mit seinen Eltern gespielt: Auf einem Spielbrett (Motiv Biene Maja im Wald) sind drei Eier im Nest, zehn Sterne am Himmel, eine Spinne am Baum und zehn Blumen auf einer Wiese abgebildet. Motive von eins bis zehn, denen man die dazu gehörenden Zahlenchips zuordnen muss. Ich bin gespannt, und siehe da: kein Problem für den Vierjährigen, in Windeseile hatte er die Chips auf dem Spielbrett verteilt, alles richtig. Linus ist stolz, Oma begeistert. Klarer Fall: Mein Enkel ist hochbegabt. Wir waren schon beim Einpacken, das Spiel war laut Linus »zu langweilig«, da kam mir die Idee, ihm die Chips ohne Spielbrett vorzulegen. Ich fragte nach den Zahlen, die da zu sehen waren. Vier ging noch, das ist sein Alter, die Zahl kennt er, die Eins auch, aber die Sechs oder die Neun oder gar die Zehn? Ratlosigkeit. Kann er die Zahlen etwa doch nicht lesen? Nein. Der kleine Knirps hatte die Zahlen nach Farben zugeordnet. Jeder Zahlenchip hat jene Farbe, die auf dem Spielbrett noch einmal im Motiv abgebildet ist. Also doch nicht hochbegabt – zum Glück. Und wir haben ja noch zwei Jahre Zeit bis zur Einschulung.

Das macht Spaß und trainiert die Aussprache: Zungenbrecher für Vier- bis Fünfjährige

- *Der Klassiker: Fischers Fritz fischt frische Fische, frische Fische fischt Fischers Fritz.*
- *Ein braver Hai isst Haferbrei.*
- *Auf der Pappel plappern Klapperstörche klapperdiklapp.*
- *Es klapperten die Klapperschlangen, bis ihre Klappern schlapper klangen.*
- *Schnecken essen Kresse nicht, denn Kresse schmeckt den Schnecken nicht.*
- *Schwarze Katzen kratzen mit schwarzen Tatzen.*
- *Unser Hund heißt Kunterbunt. Kunterbunt heißt unser Hund.*

Praktische Fertigkeiten und Mithilfe in der Familie

Was kann man als Großeltern dazu beitragen, auch praktische Fertigkeiten der Enkel und ihre Motorik und Feinmotorik zu fördern?

Basteln und Malen sind eine Möglichkeit – nicht gerade meine Lieblingsbeschäftigungen. Zum Malen hatte Linus zunächst auch keine große Lust. Wenn wir gemeinsam Figuren in einem Malbuch mit Bunt- und Filzstiften bearbeiteten, malte er oft über die vorgeschriebenen Linien hinaus. Manchmal wurde er wütend und kritzelte mit Absicht im Heft herum, es wurde dann schnell beiseitegeschoben. Typisch Junge? Ich glaube nicht, aber zumindest ist seine zwei Jahre jüngere Cousine Paula um einiges geduldiger auf diesem Gebiet. Sie malt mit Lust und Ausdauer und gibt erst auf, wenn das Bild fertig ist. Linus dagegen hat andere Vorlieben. Er hilft seinem Papa gern beim Kochen, kennt sich in der Küche bestens aus, und wenn kleine handwerkliche Arbeiten zu tun sind, ist auch er mit voller Konzentration bei der Sache. Typisch Junge? Bestimmt nicht. Mit 8 Jahren malte Linus schließlich ganz gut, vielleicht hat er das Talent seiner Mutter geerbt. Sie ist Grafikerin.

Im Haushalt mithelfen

Es gibt sehr viele unterschiedliche Erziehungsstile, über die immer wieder heftig gestritten wird. Auf der einen Seite gibt es die Eltern, die das Potenzial ihrer eigenen Kinder nicht sehen oder sich wenig damit auseinandersetzen, weil sie mit eigenen Problemen beschäftigt sind. Andere trauen ihren Kindern schon sehr viel zu und übertragen ihnen dabei manchmal mehr Verantwortung, als diese vielleicht tragen können. Und dann gibt es noch die sogenannten Helikopter-Eltern, die ihren Kindern nur sehr wenig zutrauen, sie vor allem bewahren wollen und in verschiedenste Kurse schicken, damit andere ihnen etwas beibringen. Mit Sicherheit aber erziehen Eltern ihre Kinder heute anders, als wir es als Eltern getan haben. Doch ganz gleich, welchen Erziehungsstil Eltern praktizieren, es gibt einige grundlegende Dinge, auf die Großeltern und Eltern achten können, um ihrem Kind positive Eigenschaften wie Selbstständigkeit zu vermitteln.

Dazu gehört, Kinder im Haushalt helfen zu lassen, denn damit kann man in der Tat den Grundstein für Erfolg legen. Gerade Kinder im Alter zwischen 2 und 4 Jahren wollen Erwachsene imitieren und in ihre Rolle schlüpfen. Sie wollen das Gleiche machen wie Mama, Papa, Oma, Opa oder das ältere Geschwisterchen. Ein Lob bestätigt sie und gibt ihnen Ansporn, noch besser zu werden. Sie bekommen das Gefühl, ihr Leben selbst in die Hand nehmen zu können, ein wichtiger Schritt in der psycho-emotionalen Entwicklung der Kinder. Sie lernen dadurch auch implizit, eigene Lebensentscheidungen zu treffen und Verantwortung zu übernehmen. Bei dieser Entwicklung können Sie Ihr Enkelkind unterstützen.

Großeltern können ihren Enkeln dabei mit einfachen Aufgaben wichtige Werte mit auf den Weg geben und ihnen so auf spielerische Art und Weise mehr Verantwortung übertragen. Das fördert nicht nur die Interaktion mit Familienmitgliedern, sondern schenkt den Kindern Selbstbewusstsein, indem sie kleine Hürden bewältigen. Am Anfang sollten Sie jedoch keine großen Erwartungen an die Ergebnisse haben – jeder fängt ja mal klein an.

Bereits mit 2 Jahren können Kinder leichte Aufgaben übernehmen: z. B. alleine ihren Plastikteller zum Essen aus einer unteren Schublade holen, Wasser aus einer kleinen Flasche in den Becher füllen, mit der Gabel Brotstücke aufpiksen, mit dem Löffel Müsli auffüllen, mit dem Geschirrtuch Wasserflecken trockenwischen oder Spielzeug in eine Kiste räumen. Unsere zweijährigen Zwillinge Mathilde und Lena können (und wollen!) auch ihre Mützen alleine aufsetzen, versuchen immer wieder, ihre Socken ohne Hilfe anzuziehen (klappt noch nicht so gut) und möchten ohnehin vieles am liebsten selbst machen. Man sollte die Kleinen gewähren lassen, anschließend sanft nachbessern. Es wird jede Woche besser.

OMAS TAGEBUCH

Von Schleifen und Schwungübungen

Die Zeit der Einschulung für meinen Enkel Linus rückt langsam näher, und der Fünfjährige ahnt schon, dass der neue Lebensabschnitt etwas Besonderes sein wird. Die Vorbereitungen haben begonnen: Schleife binden, Schuhe mit Schnürsenkeln schließen, mit der Schere etwas ausschneiden, Vierecke und Kreise malen, Zahlen und Namen schreiben. Mama und Oma geht am besten. Alles ist noch ein Spiel. Dass dieses Spiel von Eltern mit unterschiedlichem Ernst betrieben wird, haben wir jüngst beim Besuch eines Spielkameraden erfahren. Nach einem Ausflug in den Wald wollte Alex uns sein neues Kinderzimmer zeigen, vom Vater frisch gestrichen und mit Ninjago-Postern an den Wänden versehen. Dabei fielen mir einige Hefte auf. »Schwungübungen« stand da. Alex' Mutter erklärte mir, dass sie auf Anraten der Kinderärztin diese Hefte besorgt habe und täglich etwa zehn Minuten mit Alex übe. »Damit er vorbereitet ist und ihm die Schreibschrift etwas leichter fällt«, so die ehrgeizige Mutter. Ich war verunsichert, bei Linus zu Hause hatte ich so etwas noch nie gesehen. Einige Tage später fragte ich die Kita-Erzieherin von Linus, was sie von diesen vorschulischen Übungen halte. »Gar nichts, das macht ja schon vorher Druck und nimmt den Kindern die Vorfreude auf die Schule«, so die Antwort der Fachfrau. Was nun? Vermutlich ist wie immer der goldene Mittelweg richtig. Linus hat die Worte von Alex' Mutter jedenfalls sehr ernst genommen. Als er kürzlich von seinem Papa gefragt wurde, ob er nicht Lust habe, eine Sportart zu erlernen, vielleicht Fußball oder Handball, kam die Antwort prompt: »Ich möchte Schwungübungen machen.« Ich bin sicher, dass er das Üben der Vorstufe zur Schreibschrift damit nicht gemeint hat.

Schleife binden: So lernt Ihr Enkelkind es schneller

Eine Schleife zu binden bedeutet für viele Kinder eine große Herausforderung. Es ist anfangs gar nicht so einfach, sich zu merken, wie die Schnürsenkel ineinander verknotet werden müssen, damit am Ende eine schöne und feste Schleife dabei herauskommt. Um Zeit und Aufwand zu sparen, weichen Eltern auf die Klettverschluss-Variante aus. Spätestens in der Grundschule sollen Kinder laut Experten allerdings auch ihr kniffeliges Schuhwerk allein meistern können und das Binden einer Schleife beherrschen. Wäre dies nicht eine perfekte Aufgabe für Sie als Großeltern? Hier eine Möglichkeit, es leicht einzuüben. Mit einem witzigen Merksatz geht es leichter: »Hasenohr, Hasenohr, einmal rum und dann ins Tor.«

Zunächst wird ein einfacher Knoten gemacht. Danach formt man rechts mit Ende 1 des Schnürsenkels eine Schlaufe (erstes Hasenohr). Anschließend macht man dasselbe auf der anderen Seite mit Schnürsenkel-Ende 2 (zweites Hasenohr). Zum Schluss werden beide »Hasenohren« ganz einfach miteinander verknotet (»einmal rum und dann ins Tor«).

Windlichter basteln

Nicht nur im Sommer draußen auf dem Gartentisch oder an einem Baum hängend, sondern auch das ganze Jahr über abends im Haus sind sie der Hit: Selbst gebastelte Windlichter. Deswegen: Alte Gläser nicht wegwerfen, sondern sammeln, und schon kann es beim nächsten Enkelbesuch kreativ losgehen.

Man benötigt:

- *Leere Marmeladengläser mit oder ohne Muster oder andere Schraubgläser*
- *Blumendraht (lieber den etwas dickeren verwenden)*
- *Plastikperlen bunt gemischt*
- *Nagellack und Glitter-Deko*
- *Zange*

Anleitung:

1. *Zuerst werden zwei Drahtstücke zugeschnitten. Sie sollten jeweils so lang sein, dass sie etwa zweimal um den Hals des Glases unterhalb des Schraubverschlusses passen.*
2. *Für den Henkel nehmen Sie eines der Stücke, biegen ein Ende zur Öse und ziehen dann auf die Mitte die bunten Perlen auf. Wenn Sie am Anfang und am Ende Perlen mit großem Loch verwenden, können Sie diese später über die spitzen Drahtenden streifen. Zum Schluss das andere Ende ebenso zur Öse biegen.*
3. *Die Gläser mit Nagellack verzieren, danach die Glitter-Deko auftragen.*
4. *Wenn alles gut getrocknet ist, befestigen Sie den Henkel am Schraubglas. Ich habe das gemacht, indem ich den zweiten Draht durch beide Ösen des Henkels gezogen, um das Glas gelegt und mit einer halben Drehung fixiert habe.*
5. *Den Henkel nun auf beiden Seiten schön ausrichten und die Ösen festigen.*
6. *Den Draht am Hals des Glases noch mal durch die Ösen stecken, mit mehreren Umdrehungen fixieren und zum Schluss kürzen.*

Die Beispiele zeigen: Auch mit kleinen Kindern kann man schon viele Sachen machen und die Zeit mit ihnen abwechslungsreich gestalten. Man muss nur geduldig sein und ihnen Vertrauen in ihre eigenen Fähigkeiten schenken.

»Großeltern können ihren Enkeln auf spielerische Art und Weise in kleinen Schritten Verantwortung übertragen.«

KAPITEL 6

Ferien und Feiertage mit den Großeltern

Mehrere Tage allein zusammen mit Oma und Opa zu verbringen ist für Kinder ein aufregendes Erlebnis. Sie genießen die uneingeschränkte Aufmerksamkeit. Einiges gilt es aber zu bedenken, damit es eine richtig schöne Zeit wird.

Familienbesuche

Wenn die junge Familie weit weg von den Großeltern wohnt, erfordern Besuche viel Organisation und Absprache. Entfernungen sind zurückzulegen, und es muss genügend Platz in der dann gemeinsam genutzten Wohnung sein. Wichtig sind Toleranz und Rücksichtnahme.

Als meine Enkelin Paula neun Monate jung war, kündigte unser Sohn uns einen beruflich bedingten Wechsel des Wohnorts an, nicht 100 oder 1000 Kilometer entfernt, sondern 10 000 – nach Florida in die USA. Drei Jahre sollte der Aufenthalt dort dauern. Für mich war das ein Schock. Ich würde Paula nicht aufwachsen sehen, die schönsten Monate eines Babys verpassen. Mein Mann und ich schluckten, rissen uns zusammen und wünschten den jungen Eltern Glück. Die Kontakte zu Paula beschränkten sich drei Jahre lang auf Videotelefonate, aber ich ließ es mir nicht nehmen, meine kleine Paula mindestens einmal im Jahr zu besuchen. Ich blieb dann immer fast zwei Wochen, sodass wir Zeit zum intensiven Wieder-Kennenlernen hatten. Paula fasste meist schon nach wenigen Minuten Zutrauen zu mir. Kleine Kinder sind schnell zu gewinnen. Sie spüren, wer es gut mit ihnen meint. Wir hatten stets eine wunderbare Zeit, doch der Abschied war immer schmerzhaft, und beim nächsten Besuch war Paula schon wieder einige Entwicklungsstufen weiter, von denen ich nichts mitbekommen hatte.

Wenn Familien weit auseinander wohnen

Heute teilen viele Großeltern ein ähnliches Schicksal. Vor der Coronapandemie war die Welt klein geworden. Viele deutsche Firmen haben Niederlassungen im Ausland und schicken ihre Mitarbeiter für mehrjährige Aufenthalte dorthin. Doch auch wenn die junge Familie innerhalb Deutschlands nur 100 Kilometer weit entfernt wohnt, weil es die Berufstätigkeit der Eltern erfordert, bedarf es einiger Hartnäckigkeit und Organisation, um die guten Kontakte zu Kindern und Enkelkindern aufrechtzuerhalten und zu pflegen.

Mehrtägige gegenseitige Besuche zu vereinbaren ist manchmal leichter gesagt als getan: Es muss genügend Platz in Wohnung oder Haus sein, und alle Teilnehmer müssen das auch wollen: Wenn zwei Generationen unter einem Dach leben, entsteht automatisch Konfliktpotenzial, und die Besuche sollen ja Freude machen und keinen Stress bedeuten. Wer für ein Familientreffen sehr lange Strecken mit Auto oder Zug bewältigen muss, sollte mindestens drei Nächte einplanen.

Wenn die Enkelkinder in der Grundschule sind, wird es mit den Besuchen einfacher. Dann können sie an langen Wochenenden oder in den Ferien für einige Tage allein zu Oma und Opa kommen. Bis dahin sollte man versuchen, die Nähe zum Enkelkind zu erhalten, wenn einem ein vertrautes Verhältnis wichtig ist. Und dabei helfen Rituale.

Man kann zum Beispiel feste Telefontermine vereinbaren. Punkt 18 Uhr am Sonntag ist Oma-und-Opa-Zeit. Dem Kleinkind erzählen wir Geschichten oder machen Geräusche, die Eltern beschreiben die Reaktionen des Enkelkindes. Dem Kita-Kind kann man einmal wöchentlich etwas vorlesen oder erste Würfel- oder Brettspiele per Skype versuchen. Und mit dem Grundschulkind kann man vielleicht schon Pläne für den nächsten Besuch schmieden und sich schreiben. Ganz wichtig: Häufig miteinander sprechen, das ausschließliche Schreiben von SMS oder WhatsApps schadet der Nähe aus der Ferne.

OMAS TAGEBUCH

Linus und die Cousine aus Florida

Besuch aus Amerika. Von meinem Enkel Linus, viereinhalb, schon mit Spannung erwartet. Seine Cousine, die zweijährige Paula, lebt mit ihren Eltern für drei Jahre in Florida. Linus wünschte sich so sehr einen Bruder (notfalls auch eine Schwester) und freute sich auf das gemeinsame Spielen. Die erste Begegnung bei uns zu Hause verlief entspannt. Linus kümmerte sich rührend, zeigte ihr unsere Wohnung und seine Spielsachen. Meine Enkelin tappelte bereitwillig mit. Und weil die beiden so niedlich waren, versprach ich Linus, ihn am nächsten Tag zusammen mit Paula von der Kita abzuholen und dann bei ihm zu Hause zu spielen. Kaum in seinem Kinderzimmer angekommen, griff sie zum Feuerwehrauto. »Das geht nicht«, rief Linus, »das darf nur ich fahren.« Die Zweijährige ließ sich ablenken, griff zu den Lego-Steinen. »Dafür bist du noch viel zu klein«, sagte Linus und riss ihr die Steine aus der Hand. Dann fand der Puzzle-Teppich die Aufmerksamkeit von Paula. »Halt«, rief Linus, »du machst ja alles kaputt.« Ich hatte Stress, als Streitschlichterin wollte ich den Nachmittag nicht verbringen. Ich schlug Linus vor, ihm ein Buch vorzulesen, wenn er Paula die großen Duplo-Steine überließe. Linus war einverstanden. Dann die Rettung: Eine Stunde später kam Opa. Jeder kümmerte sich nun um ein Kind, und alle waren zufrieden.

Ferien bei Oma und Opa

Ferien bei den Großeltern ist für Kinder im Grundschulalter immer etwas Besonderes. Wenn sie unbeaufsichtigt durch den Garten streifen, mit dem Rad auf sicherem Terrain unterwegs sein und mit Oma leckeren Kuchen backen können, dann ist die Welt für die Enkelkinder in Ordnung.

Solche Erlebnisse prägen die Enkel natürlich auch. Ferien bei den Großeltern sollten zu den schönsten Tagen im Jahr zählen. Aber vorab sollten Eltern und Großeltern sich zusammensetzen und gemeinsam besprechen, wie die Ferien für die Enkel ablaufen sollen. Wenn die Eltern zum Beispiel nicht wollen, dass die Kinder lange aufbleiben dürfen oder Süßigkeiten bekommen, dann sollte man vorher darüber sprechen und diese Regeln auch einhalten – der Gesundheit des Kindes und des Familienfriedens zuliebe.

»Ferien bei den Großeltern – ein Vertrauensbeweis der Enkel.«

Ab wann können Enkelkinder zum ersten Mal fern von ihrem gewohnten Umfeld bei den Großeltern Urlaub machen? Das muss man letztendlich individuell je nach Kind entscheiden. Einige Kinder finden sich schnell und ohne Schwierigkeiten in die neue Umgebung ein, andere haben mehr Probleme damit und bekommen eher Heimweh. Wenn die Eltern aber bereits mit ihren kleinen Kindern häufiger bei den weiter entfernt lebenden Großeltern waren, dann sind die Enkelkinder an Haus und Hof bei Oma und Opa gewöhnt. Sie kennen sich in ihrem Feriendomizil aus und fühlen sich auch ohne Mama und Papa sicher.

Mein Mann und ich haben übrigens beide Enkelcharaktere erlebt: Linus ist schon mit 3 Jahren ohne Probleme für eine Woche mit uns an die Nordsee gefahren. Er kannte es ja von klein auf, einmal wöchentlich bei uns zu schlafen. Paula ist jetzt fünf und hat bisher erst einmal drei Nächte am Stück bei uns zu Hause geschlafen. Eine Woche Urlaub mit uns ohne Mama oder Papa kann sie sich noch nicht vorstellen. Wir sind zuversichtlich und warten ab. Und was ist mit den Enkelinnen Mathilde und Lena? Mit erst 2 Jahren brauchen die Zwillinge nachts noch ausschließlich Mama und Papa. Ein Schlafbesuch bei Oma und Opa wird geplant, wenn sie etwas größer und selbstständiger sind.

Damit die Enkelkinder gut beschäftigt sind und keine Langeweile aufkommt, sollte man vorab einen Plan machen. Wer möchte an welchem Tag was unternehmen? An einem Tag dürfen die Enkel bestimmen, am anderen Tag wiederum Oma und Opa – so kommt Abwechslung in die Ferien, und die Großeltern lernen ein Stück weit die Wünsche, Interessen und Bedürfnisse ihrer Enkelkinder kennen.

Das muss in einer Vollmacht enthalten sein

- *Name und Geburtsdatum des Kindes*
- *Angaben des Vollmachtgebers*
- *Angaben zu den Bevollmächtigten*
- *Inhalt der Vollmacht (Abholung, Betreuung, Arztbesuch, Urlaub)*
- *Wirksamkeit und Dauer der Vollmacht*
- *Widerrufsmöglichkeit*
- *Unterschrift durch Erziehungsberechtigte*

Unfälle bei Oma und Opa

Und was ist, wenn die Enkel beim Besuch einen kleineren oder größeren Unfall haben und die Eltern nicht erreichbar sind? Was dürfen Großeltern entscheiden? Das regelt man am besten mit einer Vollmacht. Die Eltern sollten eine Vollmacht für die Enkel immer dann erteilen, wenn sie die Kinder in die Obhut der Großeltern geben. Wollen beispielsweise Großeltern das Enkelkind vom Kindergarten abholen, benötigen sie dafür eine Vollmacht von den Eltern. Auch beim unvorhergesehenen Arztbesuch dürfen Ärzte Weisungen der Großeltern ohne schriftliche Erlaubnis nicht beachten. Noch wichtiger ist eine Vollmacht für die Enkel im Urlaub, wenn die Eltern außerhalb der Reichweite sind, denn auch hier übernehmen Oma und Opa für diese Zeit die Erziehungs- und Fürsorgepflichten.

Verwöhnen in Maßen

Wenn das Enkelkind zu Besuch ist, laufen Oma und Opa zu Höchstformen auf: Das Lieblingsessen wird gekocht (inklusive Nachtisch), Ausflüge werden geplant, lange Spielzeiten eingeräumt, auch werden mal zusammen kleine Filme geguckt. Der Enkel soll sich schließlich nicht langweilen und rundum wohlfühlen. Doch woher kommt der Drang von Großeltern, die Enkel zu verwöhnen? Eine Umfrage des Internetportals www.grosseltern.de hat gezeigt: Je größer die Wohndistanz, desto seltener sind die Besuche. Viele Großeltern glauben daher, diesen Mangel aufholen zu müssen. Manche glauben, dass der Urlaub bei Oma und Opa den Enkeln allein nicht ausreicht, weil die Eltern es sich vielleicht gerade im All-inclusive-Hotel gutgehen lassen. Großeltern, die einst zu ihren Kindern vergleichsweise streng waren oder ihnen nicht viel bieten konnten, wollen dies nun wiedergutmachen.

Tipp

So sollte die Verwöhntour nicht aussehen

· Dem Kind alles schenken/kaufen, was es haben möchte

· Jeden Urlaubstag mit so viel Action wie möglich füllen (Reizüberflutung)

· Ernährungsvorgaben missachten, die zu Hause gelten

· Dinge erlauben, für die das Kind selbst bei großzügiger Auslegung noch zu jung ist (Actionfilme, Video-Spiele)

· Dem Enkelkind Dinge von hohem ideologischem und/oder materiellem Wert schenken, obwohl das Kind das Geschenk (noch) nicht wertschätzen kann.

Einzelkinder

Es gibt heute sehr häufig Ein-Kind-Haushalte. Dann bekommt das Enkelkind vielleicht manchmal die ungeteilte Aufmerksamkeit von sechs Erwachsenen. Da ist es kein Wunder, wenn sich ein so umhegtes Kind bisweilen zu einem Minityrannen entwickelt, sich schnell daran gewöhnt, immer im Mittelpunkt zu stehen und seinen Willen jederzeit durchzusetzen. Kluge Omas und Opas treten hier rechtzeitig auf die Bremse, verwöhnen in Maßen ist natürlich trotzdem erlaubt.

Ein Einzelkind in der jungen Familie bedeutet auch für die Großeltern, dass es nur ein Enkelkind gibt. Beide Großeltern möchten Zeit mit ihrem Enkel verbringen. Da kann es schnell zum Wettbewerb um das jüngste Familienmitglied kommen. Vor allem in Familien, in denen ein Großelternpaar weiter weg lebt, das andere hingegen relativ nah beim Enkelkind, sind die »Distanz-Opas und -Omas« oft unbewusst neidisch darauf, dass »die anderen« mehr Enkelzeit bekommen. Dieses Problem muss jede Familie für sich selbst lösen – am besten mit gesundem Menschenverstand und ohne Neid und Groll. Wer sich für seine Enkelkinder interessiert, kann dies auch aus der Ferne zeigen, und die Kinder machen ihre Zuneigung sicherlich nicht von der Häufigkeit der Kontakte oder Geschenke abhängig.

Meine Geschichte

Unser Fall ist ein besonderer: Die Schwiegermutter meines älteren Sohnes ist meine beste Freundin seit der 5. Klasse! Als unsere Kinder in den 1980er-Jahren im Abstand von 1,5 Jahren geboren wurden, wohnten wir 100 Kilometer voneinander entfernt, jede Familie hatte ihren Alltag mit Haushalt, Beruf und Kindern zu bewältigen. Meine Freundin und ich trafen uns die ersten Jahre deshalb nicht sehr oft, später dann meist allein ohne Männer und Kinder. Dann zogen unsere erwachsenen Kinder berufsbedingt nach Hamburg, Kontakt hatten die beiden schon lange nicht mehr. Eines Tages aber trafen sie sich bei einem gemeinsamen Freund aus Kindertagen, die dann verabredeten Spieleabende wurden regelmäßiger. Wie singt noch Klaus Lage? »Tausend Mal berührt ... und es hat Zoom gemacht«. Unsere Kinder wurden ein Paar und sind heute die Eltern von Linus. Um unseren Enkel haben meine Freundin und ich uns übrigens noch nie gestritten, es gab keine Eifersüchteleien. Wir haben beide die junge Familie nach unseren Möglichkeiten unterstützt. Dass Linus als Kleinkind öfter bei uns als bei seiner anderen Oma war, lag an der Entfernung und daran, dass ich meine Arbeitszeit etwas freier gestalten konnte als meine Freundin. Ich bin sicher, dass Linus beide Omas gleichermaßen liebt. Den nächsten Urlaub wollen wir alle drei gemeinsam verbringen. Das wird noch mal eine neue Herausforderung für alle Beteiligten. Und Linus' kleine Freundin darf auch mit. Dann hat er eine Spielkameradin –und wir haben auch mal unsere Ruhe.

Mit den Enkeln verreisen

Gemeinsam Neues entdecken und sich eine Auszeit nehmen: Was kann es Schöneres für Großeltern und Enkelkinder geben? Damit so ein Familienurlaub für alle Generationen gelingt, müssen unbedingt die Rahmenbedingungen stimmen, denn jeder sollte Spaß haben und sich entspannen können.

Es gibt viele Urlaubsangebote, die speziell auf Großeltern und Enkelkinder zugeschnitten sind. Zum Beispiel ein Urlaub mit den Großeltern in einem Familienhotel. Diese Hotels bieten den idealen Rahmen für einen solchen Generationenurlaub und schaffen für alle unvergessliche Momente. In einem Familienhotel sind die Angebote auf die Interessen der Kinder abgestimmt: Meist gibt es Innen- und Außenpools, einen Kinderclub mit viel Spaß und Action, kindgerechte Verpflegung – und für die Großeltern individuelle Sportangebote, damit sie sich nicht langweilen, Kontakte zu anderen Eltern/Großeltern knüpfen und etwas für ihre eigene Fitness tun können.

Auch Urlaub am Meer oder auf einer Insel mit den Enkeln ist für Großeltern etwas ganz Besonderes. Immerhin liegt die letzte Reise mit den eigenen Kindern schon lange zurück, und nostalgische Gefühle mischen sich mit Vorfreude auf die Zeit am Meer. Auf der Suche nach dem passenden Urlaubsziel für den Urlaub mit den Enkeln bieten sich zum Beispiel eine ganze Reihe familienfreundlicher Nordseeinseln an, wie z. B. auch die Insel Langeoog. Kleine und größere Kinder können hier mit Oma und Opa viel unternehmen und bewegen sich doch in einem gewissermaßen geschützten Rahmen. Die Insel Langeoog ist besonders kinderfreundlich und gehört zu den Orten, zu denen normale Autos keine Zufahrt haben. Als autofreie Insel verzichtet Langeoog also nicht nur auf überfüllte Straßen und laute Motoren, sondern auch auf unangenehme Abgase. Alternativen zum Benziner oder Diesel gibt es auf der Insel genügend: Händler und Gastgeber nutzen kleine Elektroautos, Urlauber fahren Rad und manch einer lässt sich auch bei Kutschfahrten die Nordseeluft um die Nase wehen.

Eine weitere schöne Alternative ist ein Urlaub auf einem Bauernhof – das wird ein unvergessliches Erlebnis für Ihr Enkelkind. Raus in die Natur lautet hier das Motto. Kinder lieben es, in der Natur an der frischen Luft zu spielen. Enkel und Großeltern können – fernab des Alltagstrubels – Ruhe und Entspannung genießen

und gemeinsam das Leben auf dem Bauernhof entdecken und kennenlernen. Hier entdecken die Kinder eine Welt zum Anfassen und Mitmachen. Sie dürfen die Tiere streicheln, füttern und liebevoll versorgen. Dabei lernen sie auch, Verantwortung zu übernehmen, und nebenbei werden oft unvergessliche Freundschaften geschlossen. Eier im Hühnerstall einsammeln, auf dem Hof oder bei der Ernte mithelfen, beim Melken im Kuhstall zuschauen ist für Groß und Klein ein aufregendes und spannendes Erlebnis. Urlaub auf dem Bauernhof bedeutet für Kinder Abenteuer, Spaß und Erlebnis pur.

Im gesamten Bundesgebiet gibt es zahlreiche kinderfreundliche Bauernhöfe. Wann hat ein Kind sonst schon einmal Gelegenheit, Kühe zu füttern, Hunde zu streicheln, Hühner abends in den Stall zu treiben, Pferde zu versorgen oder auf einem Traktor mitzufahren? Überall ist »Streichelzoo«. Auf manchen Bauernhöfen sind neben den üblichen Nutztieren auch mal Schildkröten, Pfauen oder Fasane zu Hause.

Reiseapotheke

Großeltern sollten bei gemeinsamen Urlauben neben einer Vollmacht unbedingt auch an die Reiseapotheke für die Enkel denken, um im Falle von leichten Erkrankungen oder kleinen Verletzungen gleich eine medizinische Erstversorgung und Linderung parat zu haben.

Checkliste Reiseapotheke für Enkelkinder

- *Sofern Ihr Enkelkind Dauermedikamente benötigt, müssen diese in ausreichender Menge eingepackt werden.*
- *Fieberthermometer*
- *Medizin gegen Durchfall*
- *Medizin gegen Fieber und Schmerzen*
- *Hustensaft*
- *Nasentropfen*
- *Augentropfen bei Augenreizung (Wind)*
- *Ohrentropfen*
- *Desinfektionsmittel für Wunden, Wundsalbe*
- *Verbandsmaterial und Pflaster*
- *Insektenschutz, Zeckenschutz*
- *Zeckenzange*
- *Bei Stichen ein Antihistamin-Gel*
- *Sonnenschutz*

OMAS TAGEBUCH

Oma, du hast mich falsch verstanden

Was vierjährige Knirpse von sich geben, bringt Erwachsene zeitweilig zum Schmunzeln und manchmal auch zum kritischen Hinterfragen ihres geistigen Zustands. »Oma, du weißt schon, dass man mit dem Navi nicht reden kann?« oder »Das brauchst du mir nicht zweimal zu sagen« sind zwei ernsthafte Ermahnungen meines Enkels.

Neulich aber war ich ziemlich platt, als Linus mir klarzumachen versuchte, dass ich ihn missverstanden hätte. Es ging um die Übernachtung. Seit vier Jahren schläft er einen Tag in der Woche bei uns, ich bringe ihn dann am nächsten Vormittag in die Kita. Bereits als ich ihn an unserem »jour fixe« abholte, meinte er im Auto: »Mama sagt, wenn ich nicht bei euch schlafen will, brauche ich das auch nicht.« Zum ersten Mal diese Äußerung. »Natürlich nicht, dann bringe ich dich zurück«, so meine Antwort.

Der Abend nahte, und ich vergewisserte mich. Linus war einverstanden, dass er doch über Nacht bleiben wolle, aber nächste Woche sollte ich zu ihm kommen. Alles klar. Nach dem Abendessen ging er noch eine halbe Stunde mit Opa Fußball spielen. Kaum wieder zurück, kam er unverzüglich angelaufen: »Oma, du hast mich falsch verstanden. Ich will heute nach Hause, morgen schlafe ich dann bei euch.« Wir haben dann zu Hause angerufen und um Rücktransport gebeten, inzwischen war es 20 Uhr und Linus' Papa war begeistert, nach langem Arbeitstag noch mal loszudürfen. Nun sind wir gespannt, wann Linus das nächste Mal über Nacht bleiben wird. Drängen werden wir ihn nicht: 24 Stunden mit einem Viereinhalbjährigen sind nämlich ganz schön anstrengend.

KAPITEL 7

Grundschule und die Zeit danach

Wenn Ihr Enkelkind in die Schule kommt, hat es einen eigenen Terminkalender und nicht mehr unbegrenzt Zeit. Der regelmäßige Kontakt muss deshalb aber nicht abbrechen. Es bedarf nur etwas Organisation.

Wie kann ich die Beziehung weiter pflegen?

Für Linus hat ein neuer Lebensabschnitt begonnen. Ein Schuljahr hat er schon hinter sich (mit allen Problemen, die die Coronapandemie mit sich brachte).

Jetzt geht er schon in die zweite Klasse. »Wir sind nicht mehr die Kleinen«, freut er sich – und ja, er hat einen deutlichen Entwicklungsschub gemacht. Man kann sich mit ihm gut unterhalten, die kindliche Unbefangenheit weicht langsam, und man muss aufpassen, was man sagt. Alles wird hinterfragt und diskutiert. Einfach Anordnungen treffen in der Erwartung, dass der Zweitklässler das kommentarlos macht, geht gar nicht mehr. Man muss alles gut begründen, das ist manchmal etwas anstrengend. Mit unseren Kindern wurde damals nicht so viel diskutiert.

»Zeigen Sie Interesse am Alltag Ihres Enkelkinds.«

Unsere gemeinsame Zeit hat eine andere Qualität bekommen. Doch wir versuchen, den Rhythmus der wöchentlichen Besuche einzuhalten. Dienstag ist Oma-Opa-Tag. Dann hole ich ihn mittags von der Schule ab, fahre 25 Kilometer von meinem Zuhause hin und abends wieder zurück zu seinen Eltern (abends treffen wir uns auch oft mit Mama oder Papa auf halber Strecke). Nach der Schule hat Opa das Mittagessen fertig, und meistens gibt es etwas, das Linus sich vorher gewünscht hat – selbstverständlich immer mit Nachtisch. Das ist Standard bei Oma und Opa. Nach den Hausaufgaben, die meist schnell gemacht sind, weil der Umfang noch überschaubar ist, startet das Nachmittagsprogramm: Brett- und Kartenspiele, meine Freundin mit Hund besuchen, eine kleine Radtour zum Eiscafé, ein Picknick im Wald, in den Tierpark oder auf den Spielplatz gehen (Letzteres ist seltener geworden). Seine liebste Beschäftigung ist baden. Schwimmbad im Winter, Freibad im Sommer.

OMAS TAGEBUCH

Schwimmunterricht mit Kopfschmerzen

Mein Enkel Linus (5) hat die erste größere Herausforderung seines Lebens gemeistert. Er kann sich jetzt ohne Schwimmbrett oder Schwimmnudel über Wasser halten und ist stolz wie Oskar. Er hat Schwimmunterricht beim DLRG-Ortsverein. Mit viel Geduld und Verständnis bemühen sich die DLRG-Helfer, zwölf kleinen Steppkes die Angst vor dem tiefen Wasser zu nehmen. Das klingt einfach, ist es aber nicht. Um das Schwimmen zu erlernen, muss man erst mal bereit sein, ohne Schwimmflügel ins Wasser zu gehen. Linus hat die ersten beiden Male bereitwillig mitgemacht, da ging es zunächst um Wassergewöhnung, aber dann war plötzlich Schluss und die begleitende Oma ratlos. Alles gute Zureden half nämlich nichts. Linus streikte. »Bauchschmerzen, Kopfschmerzen, Wasser zu kalt«, so seine Begründungen. Aber zum Glück hatte Papa eine gute Idee. Er spürte die Angst seines Sohnes und stellte sich in Badehose während des Trainings direkt an den Beckenrand, um Linus Sicherheit zu geben. Der Fünfjährige war beruhigt. Sollte er während des Trainings untergluckern, wäre Papa nur einen Kopfsprung entfernt. Fortan war Linus bereit, die Schwimmübungen im Wasser mitzumachen. Und jetzt kann er schwimmen – und ist sooo stolz. Wenn er das Schwimmabzeichen Seepferdchen hat, will er bis »Gold« weitermachen. Schauen wir mal.

Obwohl der Anfang seiner Schwimmkarriere etwas holprig war, springt Linus inzwischen sogar vom Dreier.

Der gute Draht zum Enkelkind

Wie kann ich den guten Kontakt zu meinem Enkelkind aufrechterhalten? Eine Frage, die sich mit Beginn der Schulzeit stellt. Großeltern können sich über die verschiedensten Interessensbereiche der Enkel informieren. Dazu gehören unter anderem Musik, Kleidung, Videospiele oder die Aktivitäten im Bereich Social Media. Mit diesem Hintergrundwissen haben auch Oma und Opa die Möglichkeit, eine besonders enge Bindung zu den Enkeln aufzubauen. Ideal ist es, wenn Sie Ihr Enkelkind wöchentlich oder 14-tägig sehen können.

Grundschüler ab 8 Jahren haben großen Spaß an Gesellschaftsspielen. In diesem Alter haben die Kinder durch die Schule bereits die wichtigsten Voraussetzungen für das Spielen von Brettspielen gelernt: Sie können längere Zeit stillsitzen und sich auf eine Sache konzentrieren, besitzen ein ausgeprägtes Regelbewusstsein und haben den Ehrgeiz, ihre Großeltern besiegen zu wollen. Der Wettbewerb mit Oma und Opa lehrt die Enkel auch, mit Siegen und Niederlagen umzugehen. Dabei ist es allerdings wichtig, mit dem Verlieren behutsam umzugehen. Eine Niederlage zu akzeptieren ist für Kinder gar nicht so einfach, und manchmal gibt es sogar Tränen. (Auch Linus kämpft dann oft mit den Tränen, und unser Spiel ist erst mal beendet.)

Fehler werden in der Schule sofort negativ bewertet. Das Notensystem macht deutlich, wie gravierend ein Fehler ist. Für Kinder, die aus Fehlern lernen müssen, um Neues zu lernen, ist eine nicht vorhandene Fehlerkultur fürs spätere Leben also wirklich ein Problem. Der Druck, sich keine Fehler zu erlauben, ist auch im späteren Berufsleben immer präsent, nicht jeder hält diesem Druck stand. Darum sollten Großeltern ihren Enkeln zeigen, dass es vollkommen in Ordnung ist, auch mal daneben zu liegen – im Spiel wie im richtigen Leben.

Gesellschaftsspiele ab 8 Jahren

- *Scotland Yard*
- *Azul*
- *Monopoly*
- *Activity Junior*

Spiele für draußen

- ***Wikingerschach (KUBB)***
  Beim Wikingerschach treten zwei Spieler oder Teams mit ein bis sechs Personen gegeneinander an. Ziel ist es, mit Wurfhölzern die Kubbs der gegnerischen Mannschaft und am Schluss den König in der Mitte des Spielfeldes umzuwerfen.

- ***Parcours aufbauen***
  Je abwechslungsreicher der Parcours, desto spannender und aufregender für die Kinder. Ziel ist es, einen Pfad mit Hindernissen zu bestreiten: Flüsse, Kletterpartien, Krabbelpartien, Baumstämme, kleine Hürden.

- ***Outdoor-Kegeln***
  Fürs Kegeln braucht man nicht zwangsläufig eine Kegelbahn. In den letzten Jahren wurde Outdoor-Kegeln als Familienspiel immer beliebter.

- ***Bewegungsspiele***
  Sackhüpfen, Dosenwerfen, Eierlaufen, Plumpsack, Schubkarrenrennen – diese Spielklassiker machen auch den Enkelkindern von heute noch Freude.

- ***Ringe werfen***
  Mit viel Geschick müssen Wurfringe auf die Pins eines Spielbretts geworfen werden. Das Spiel eignet sich gut zum Mitnehmen und ist auch perfekt für sportlichen Spaß am Strand.

- ***Badminton***
  Ein Klassiker, früher nannte man es Federball. Hier sind Schnelligkeit und Koordination gefordert. Spaß macht es Groß und Klein.

Ein guter Weg, die Beziehung zum Enkelkind zu stärken, ist es, Interesse an seinem Alltag zu zeigen. Wie kommt es in der Schule klar? Wenn Ihr Enkelkind Freude an der Schule hat, spricht es vielleicht gern über Themen aus dem Unterricht (dabei werden Sie manches Aha-Erlebnis haben und frischen Ihre Kenntnisse auf), oder Sie schauen sich gemeinsam die Schulhefte und -bücher an und kommen darüber ins Gespräch. Sollte Ihr Enkel Schulprobleme haben, können die Gründe dafür vielfältig sein: Ärger mit dem Lehrer, Prüfungsangst, Unter- oder Überforderung, Stress mit anderen Schülern. Gerade wenn Großeltern am Nachmittag für

Ein paar konkrete Tipps, die helfen können:

- ***Bringen Sie den Grund für eventuelle Schulprobleme in Erfahrung***
  In den wenigsten Fällen sind Schüler faul, meistens stecken andere Schwierigkeiten dahinter, wenn sie Unlust am Lernen haben. Falls Sie den Verdacht haben, dass Ihr Enkelkind Schulprobleme hat, sollten Sie dessen Verhalten und auch dessen Noten genau im Blick behalten. Viele Kinder erzählen von sich aus, wenn sie Schwierigkeiten in der Schule haben, andere warten hingegen ab, ob sie von einer Vertrauensperson darauf angesprochen werden.

- ***Sprechen Sie mit Ihren Kindern über die Auffälligkeiten***
  Handeln Sie am besten nicht auf eigene Faust, sondern sprechen Sie Ihr Vorgehen mit den Eltern ab. Viele Eltern sehen es nicht gern, wenn sich die Großeltern übermäßig in Erziehungsfragen einmischen und ungefragt Ratschläge erteilen.

- ***Unterstützen Sie die Enkelkinder mit geeigneten Methoden***
  Hat das Kind nur in einzelnen Fächern Probleme, weil es mit dem Stoff nicht nachkommt, können Sie es nachmittags beim Lernen unterstützen. In Fremdsprachen können Vokabeln abgefragt, bei Problemen mit der Rechtschreibung Diktate geschrieben werden, in Mathematik können Sie Übungsaufgaben stellen. Achten Sie darauf, dass das Kind genügend Freizeit hat, um sich von der Schule und vom Lernen zu erholen. Zu großer Stress und Druck können Schulprobleme noch verstärken, was Ihren Bemühungen zuwiderlaufen würde.

die Kinderbetreuung zuständig sind, fällt auch die Unterstützung bei den Hausaufgaben an. Dadurch merken Sie es oft noch vor den Eltern, wenn es Probleme gibt.

Wenn Sie selbst oder die Eltern nicht über die notwendigen Kenntnisse im jeweiligen Fach verfügen, um Ihr Enkelkind beim Lernen zu unterstützen, sollte über Nachhilfe nachgedacht werden. Ist der Nachwuchs abgelenkt, weil er sich in der Schule unter- oder überfordert fühlt, sollten die Eltern unter Umständen einen Termin mit der Lehrkraft und/oder einem Kinderpsychologen vereinbaren. Im Anschluss daran lässt sich herausfinden, ob ein Wechsel in eine höhere beziehungsweise niedrigere Klassenstufe sinnvoll wäre.

Nicht immer ist es damit getan, dass schlicht mehr gelernt oder die Klasse gewechselt wird. Haben Sie das Gefühl, dass Ihr Enkel den Stoff zwar beherrscht, aber das Wissen in der Prüfung nicht umsetzen kann, sollten Sie sich offen mit ihm darüber unterhalten. Möglicherweise überfällt das Kind in der Prüfungssituation Panik, wodurch es sich nicht mehr auf den gelernten Stoff konzentrieren kann. Hier können Sie Ihr Enkelkind mit Methoden gegen Prüfungsangst unterstützen. Dabei ist es auch wichtig, dem Nachwuchs genug Selbstbewusstsein zu vermitteln.

Schwierige Enkelkinder: Hyperaktivität und Co.

Ist Ihr Enkelkind ein Zappelphilipp? Dann ist es vermutlich nur besonders lebhaft und hat einen großen Bewegungsdrang. Sehr schnell drückt man zappeligen Kindern aber den Stempel ADHS auf.

Dennoch: Laut Bundesministerium für Gesundheit leiden zwei bis sechs Prozent aller Kinder und Jugendlichen unter einer krankhaften Störung der Aufmerksamkeit und an motorischer Unruhe. Sie haben ADHS. Die Abkürzung ADHS steht für Aufmerksamkeitsdefizit-Hyperaktivitätsstörung.

Dahinter verbirgt sich eine der häufigsten psychischen Auffälligkeiten bei Kindern und Jugendlichen. Charakteristisch für ADHS sind Symptome wie Hyperaktivität (übersteigerter Bewegungsdrang), Unaufmerksamkeit (gestörte Konzentrationsfähigkeit) und Impulsivität (unüberlegtes Handeln). Ein Hyperaktivitäts-Syndrom macht sich aber Experten zufolge nie vor dem vierten Lebensjahr bemerkbar und gilt eigentlich als eine Störung, die typischerweise im Schulalter auftritt. Die Kinder können nichts zu Ende bringen und neigen dazu, ständig von einer Tätigkeit zu einer anderen zu springen. Sie sind oft achtlos und impulsiv und halten sich nicht an allgemeingültige Regeln. In ihrer Beziehung zu Erwachsenen sind sie eher distanzlos, oft haben sie auch wenig Kontakt zu anderen Kindern.

ADHS hat nichts mit Erziehung zu tun

Großeltern sollten wissen: ADHS hat primär nichts mit Erziehung zu tun. Auch nicht mit einem schlechten Charakter. Es ist heute wissenschaftlich gesichert, dass ADHS durch eine Art Fehlschaltung im Gehirn verursacht wird: Die betroffenen Personen können nicht aufhören, Botschaften und Reize zu empfangen, was sie daran hindert, sich auf eine Sache zu konzentrieren. Betroffene Kinder brauchen vor allem psychotherapeutische Hilfe. Oftmals wird begleitend das Medikament Ritalin verordnet, das aus hibbeligen Kindern im Unterricht ruhige und angepasste Schüler macht. Es wird allerdings von Gegnern medikamentöser Behandlung sehr kritisch gesehen.

Wenn Ihr Enkelkind einfach nur unruhig und zappelig ist, könnte vielleicht eine dieser Ursachen zugrunde liegen:

- *Sorgen, Trauer, Eifersucht*
- *Lernschwäche*
- *Bewegungsmangel*
- *Überforderung*
- *Magnesiummangel*
- *Zu viel Fernsehen und Computer*
- *Funktionsstörung im Innenohr*
- *Lebensmittelzusatzstoffe*
- *Schwankender Blutzuckerspiegel*
- *Nahrungsmittelunverträglichkeit*
- *Vitalstoffmangel*

OMAS TAGEBUCH

Nächstenliebe, auch wenn's weh tut

»Liebe Deinen Nächsten.« Diesen christlichen Spruch umzusetzen ist gar nicht so leicht, vor allem, wenn es um das Wohl des eigenen Enkels geht. Die Welt in der Kita von Linus wird härter. Gerade vier geworden, muss er jetzt lernen, sich gegen rücksichtslose Spielkameraden zu behaupten. Wenn freie Spielzeit in der Kindertagesstätte angesagt ist, fliegen manchmal die Fetzen und das eine oder andere Kind auch in den Sand. Natürlich können die Betreuerinnen ihre Augen nicht überall haben, aber sieht man die Erzieherinnen in der Gruppe zusammenstehen und klönen, ist man schon etwas verwundert. Mein Enkel Linus wurde innerhalb einer Woche gleich zweimal attackiert, von Ole, einem hyperaktiven Kind. Das erste Mal wurde er in den Rücken gebissen – die Zähne hatten Pullover und Hemd sauber durchbohrt und Bissspuren hinterlassen. Beim zweiten Mal waren Schürfwunden im Gesicht: Ole hatte Linus von einem Stein geschubst. Als wir Linus fragten, was seine Erzieherin dazu gesagt habe, meinte Linus: »Ole sollte mich trösten.« Ist das eine pädagogisch sinnvolle Lösung des Problems? Ich musste mich stark zurückhalten, Linus nicht zu raten, er möge Ole das nächste Mal kräftig wegschubsen. Denn: Ich kann meinen Nächsten nur lieben, wenn der auch lieb zu mir ist.

Bevorzugung und Benachteiligung vermeiden

Unsere beiden Söhne und deren Frauen haben uns vier Enkelkinder geschenkt. Dieses große Geschenk ist zugleich Verpflichtung, allen vier gleich viel Aufmerksamkeit zu schenken, und das bedarf der Organisation.

In der Regel besuche ich jede Familie einen Tag pro Woche. Linus ist Einzelkind, die gesamte Spielzeit gehört ihm. Die drei Mädchen, die zum jetzigen Zeitpunkt sechsjährige Paula und die zweijährigen Zwillinge Mathilde und Lena, müssen sich die Oma-Zeit teilen. Ich hole die Große und die Kleinen abwechselnd früher von der Kita ab, damit sie ihre Oma mal ganz für sich allein haben, bis der Rest der Familie dazukommt. Paula genießt das besonders und unternimmt gern Ausflüge mit mir. Dann sind wir erst mal ein paar Stunden von zu Hause und ihren kleinen Schwestern weg. Alle drei gleichzeitig zu Hause zu betreuen ist gar nicht so einfach, da die Interessen durch den Altersunterschied zu verschieden sind. Paula ist allerdings sehr nachsichtig und besorgt um ihre kleinen Schwestern, bezieht sie gern als »lebende Puppen« in ihr Mutter-Vater-Kind-Spiel ein. Dann kommt eine Schwester in den Puppenwagen und lässt sich geduldig eine Weile durch die Wohnung fahren. Meistens klappt das Miteinander so ganz gut. Wenn beide Zwillinge zur gleichen Zeit auf Omas Schoß wollen, gibt es ein Problem. Dann sind Kreativität und Ablenkungskünste gefragt.

Ziehen Großeltern ein Enkelkind deutlich vor, ist dies nicht nur für die anderen Enkel, sondern auch für deren Eltern verletzend. Oft werden auch alte Wunden geöffnet, wenn Kinder, die heute Eltern sind, sich bereits in ihrer eigenen Kindheit hinter Geschwister zurückgesetzt fühlten. Dass bestimmte Enkel bevorzugt werden, ist kein Einzelfall. Forscher der britischen Cambridge Universität haben diesem Thema sogar eine umfangreiche Studie gewidmet. Das interessante Ergebnis: Großmütter ziehen die Töchter ihrer Söhne den anderen Enkeln vor. Dies geschehe fast immer unbewusst und sei durch die DNA bestimmt, so die Forscher.

Der Grund für die Vorliebe liege in der DNA der Omas. Je mehr Gemeinsamkeiten, desto mehr Liebe. Und da stehen mit 31 Prozent gemeinsamen Genen die Töchter des Sohnes ganz weit oben auf der Beliebtheitsskala. Auf Platz zwei: Töchter und Söhne der eigenen Tochter mit gut 25 Prozent Übereinstimmung. Schlusslichter sind mit 23 Prozent die Söhne von Töchtern.

Es wäre auch naheliegend, dass jene Enkel bevorzugt werden, die Oma und Opa besonders ähnlich sehen oder ähnliche Verhaltensweisen haben. Natürlich hat man auch nicht zu jedem Menschen eine innige Beziehung, nur weil man verwandt ist. Wenn Großeltern und Enkel selten Kontakt haben und kaum den Alltag gemeinsam erleben, haben sie oft ein distanziertes Verhältnis. Für Kinder jedenfalls ist eine eindeutige Bevorzugung eines anderen Enkels oder Geschwisterkindes verletzend und kann Ohnmachtsgefühle und Aggressionen auslösen. Für sie lautet die Botschaft: »Meine Familie mag mich weniger.« Neid auf einen anderen Enkel oder das Geschwisterkind erschwert natürlich auch die Beziehung der Cousins und Cousinen oder der Geschwister untereinander. Eltern und Großeltern sollten also sensibel auf das Thema reagieren.

»Für Kinder ist die deutliche Bevorzugung eines anderen Enkels sehr verletzend.«

Digitale Medien

Die Nutzung digitaler Medien ist heute für Kinder selbstverständlich. Schon kleine Kinder fühlen sich magisch vom Handy angezogen, lieben das blinkende Teil und finden schnell heraus, dass man nur mit dem Finger über das Display wischen muss, damit sich das Bild ändert.

Aber ab wann sollten Kinder ein Handy oder Smartphone haben? Hier gibt es keine eindeutigen Empfehlungen. Der Besitz eines Handys oder Smartphones kann für ältere Kinder durchaus nützlich sein. Aber auch beim Handy ist es notwendig zu lernen, wie es sinnvoll genutzt wird. Fachleute weisen darauf hin, dass die schnellen Anwendungen und wechselnden Bilder Kinder unter 3 Jahren leicht überreizen können. In den ersten drei Lebensjahren wird daher von der Nutzung jeglicher Bildschirmmedien, wozu auch Smartphones gehören, abgeraten. Kinder ab etwa 4 Jahren bis zum Grundschulalter können mit dem Handy oder Smartphone der Eltern oder älterer Geschwister erste Erfahrungen sammeln und gemeinsam unterschiedliche Funktionen ausprobieren. Als Einstieg und erstes eigenes mobiles Endgerät ist ein einfaches Handy mit Telefon- und SMS-Funktion ausreichend. Je mehr Funktionen ein Handy ungesichert zur Verfügung stellt, desto mehr Medienkompetenz sollte das Kind bereits entwickelt haben.

Smartphones

Erst wenn Eltern sicher sind, dass ihr Kind verantwortungsvoll mit dem Internet umgeht und am heimischen Computer ausreichend Erfahrung damit sammeln konnte, sollten sie darüber nachdenken, ein internetfähiges Smartphone für es anzuschaffen. Dies ist häufig der Fall, wenn ihr Kind etwa 11 bis 12 Jahre alt ist (ab der 5. Klasse). Wie für die Internetnutzung am Computer sollte es auch für die Nutzung eines Smartphones klare Regeln geben. Das Kind sollte über mögliche Risiken aufgeklärt und durch technische Sicherheitsvorkehrungen wie Kinderschutz-Apps oder spezielle Startseiten geschützt werden.

Hier einige grundsätzliche Empfehlungen:

- *Je jünger das Kind ist, desto weniger sollte es ein Handy benutzen.*
- *Vereinbaren Sie klare Regeln für die Nutzung.*
- *Informieren Sie sich über die Risiken.*
- *Richten Sie Kinderschutz-Apps ein.*
- *Sorgen Sie dafür, dass die persönlichen Daten geschützt sind.*
- *Beobachten und begleiten Sie Ihr Enkelkind bei der Mediennutzung.*
- *Achten Sie beim Kauf eines Smartphones auf einen niedrigen Strahlenwert.*
- *Vereinbaren Sie mit dem Kind Zeiten, in denen das Handy Pause hat.*

Digitalisierung in der Schule

Mit Beginn der Grundschule braucht das Enkelkind einen PC oder Laptop, an dem es arbeiten kann. Da haben die deutschen Schulen noch Nachholbedarf: Es gibt nicht genügend Geräte für alle Schüler in der Klasse, und vielen Lehrern fehlt die Erfahrung, online zu unterrichten. Aber auch nicht jedes Elternhaus ist digital auf dem neuesten Stand. Die Coronazeit hat diese Missstände deutlich aufgezeigt. In vielen Elternhäusern mangelt es an Platz und einem eigenen Computer, an dem das Kind ungestört arbeiten könnte. Und was ist bei mehreren Kindern und Eltern im Homeoffice? Da werden gleich mehrere Geräte benötigt. Wenn es Ihr Budget nicht zu sehr strapaziert, könnten Sie als Großeltern an dieser Stelle helfen und ein sinnvolles Geschenk machen, vielleicht einen Laptop als Weihnachts- und Geburtstagsgeschenk zusammen? Die Hausaufgaben per Handy zu erledigen ist sehr mühsam und schadet den Augen Ihres Enkelkindes.

Cybermobbing

Hass-Gruppen bei Whatsapp, peinliche Fotos in den sozialen Medien, beleidigende Kommentare: Das Thema Cybermobbing nimmt bei Kindern und Jugendlichen zu. Das belegt eine Studie der Techniker Krankenkasse. Deutschlandweit gibt es zwei Millionen Betroffene. Folgen sind Schlafstörungen, Ängste, Depressionen. Was können Eltern und Großeltern tun? Für die Kinder da sein, zusammen die Privatsphäre-Einstellungen und die Kontaktlisten checken. Nachts sollte das Handy aus dem Kinderzimmer verbannt werden.

Jugendsprache

Es ist oft zu beobachten: Ältere Kinder und Jugendliche sitzen im Park oder am Tisch im Eiscafé nebeneinander, sprechen aber nicht miteinander, sondern kommunizieren per SMS oder Whatsapp. Die Jugendsprache ist eine ganz eigene, die meisten älteren Menschen verstehen die mit rasender Geschwindigkeit eingetippten Abkürzungen überhaupt nicht. Wenn Sie versuchen möchten, da mitzuhalten, und Ihr älteres Enkelkind beeindrucken wollen, können Sie ja einige »Vokabeln« der Jugendsprache auswendig lernen.

Hier eine kleine Liste für den Oma-Chat

- *4u – for you, für dich*
- *8ung – Achtung!*
- *akla – alles klar?*
- *atm – at the moment, jetzt gerade*
- *aww – Oh, wie süß!*
- *bb – bis bald*
- *braduhi? – brauchst du Hilfe?*
- *cu – see you, bis bald*
- *dd – drück' dich*
- *dg – dumm gelaufen*
- *GA – Gruß an ....*
- *GDB – ganz dickes Bussi*
- *gl – good luck, viel Glück*
- *gn8 – gute Nacht*
- *GuK – Gruß und Kuss*
- *HASE – habe Sehnsucht*
- *hdgdl – hab dich ganz doll lieb*
- *hegl – herzlichen Glückwunsch*
- *Idk – I don't know, ich weiß nicht*
- *ka – keine Ahnung*
- *knt – Kontakt*
- *lost – orientierungslos*
- *MeDiWi – Melde Dich wieder*
- *nvm – nevermind, egal, alles ist gut*
- *Q6 – komme um sechs Uhr*
- *SGUTWS – Schlaf gut und träum was Schönes*
- *WASA – Warte auf schnelle Antwort*

Sie sehen, es bedarf einiger Mühe und Aufmerksamkeit, will man als Oma auch für die älteren Grundschüler interessant bleiben. Wer sich bemüht, wird mit Besuchen von den Enkelkindern belohnt – und bekommt außerdem neue Anregungen fürs Gehirn.

KAPITEL 8

Erste Hilfe und Gesundheit

Wenn Ihr Enkelkind länger zu Besuch ist, können ein Infekt oder eine Verletzung die Freude über die gemeinsame Zeit trüben. Sie sollten gewappnet sein, um im Notfall schnell reagieren zu können.

Im Verletzungsfall richtig reagieren

Dass Kinder sich beim Toben mal leicht verletzen, ist keine Seltenheit. Doch für Großeltern, die ihre Enkel regelmäßig betreuen, ist ganz wichtig: Nummern für den Notfall parat zu haben.

Dazu gehören die Telefonnummern von Kinderarzt, Notarzt für Nacht und Wochenende, Notruf, nächstgelegenem Kinderkrankenhaus, Taxizentrale, Giftnotrufzentrale sowie die Handynummern der Eltern. Auch eine kleine Hausapotheke sollte im Haushalt der Großeltern vorhanden sein. Inhalt: Fieberthermometer, Fieberzäpfchen, Nasentropfen, Wundsalbe, nicht brennendes Desinfektionsspray. Sehr wichtig sind Kinderpflaster, denn manches Wehwehchen wird schon besser, wenn ein buntes Pflaster auf der Wunde klebt. Als Linus etwa 3 Jahre alt war, musste ich einmal einen Noteinsatz leisten. Mein Sohn rief mich vom Arbeitsplatz an, Linus habe sich in der Kita den Daumen am Fenster geklemmt, ob ich hinfahren könne. Ich holte ihn ab, machte den Umweg über den Kinderarzt, der nicht weiterhelfen konnte, weil kein Röntgenapparat vorhanden war, fuhr dann in die Notaufnahme eines nahen Krankenhauses. Wir mussten zwei Stunden warten, bis wir an der Reihe waren – zum Glück nur eine leichte Quetschung.

»Sprechen Sie alle Maßnahmen mit den Eltern ab.«

Was tun bei kleineren Unpässlichkeiten?

Fieber: Das ist immer ein sicherer Hinweis auf eine Krankheit, aber erst ab 38 Grad spricht man von Fieber. Wadenwickel und Kinderzäpfchen können helfen. Auf jeden Fall die Eltern informieren.

Schnupfen: Wenn die Nase verstopft ist, helfen spezielle Nasentropfen für Babys oder Kleinkinder. Zum Abschwellen der Nasenschleimhäute können Sie auch eine Kochsalzlösung (1 Gramm Speisesalz in 100 Milliliter Wasser auflösen) als Nasentropfen verwenden. Ältere

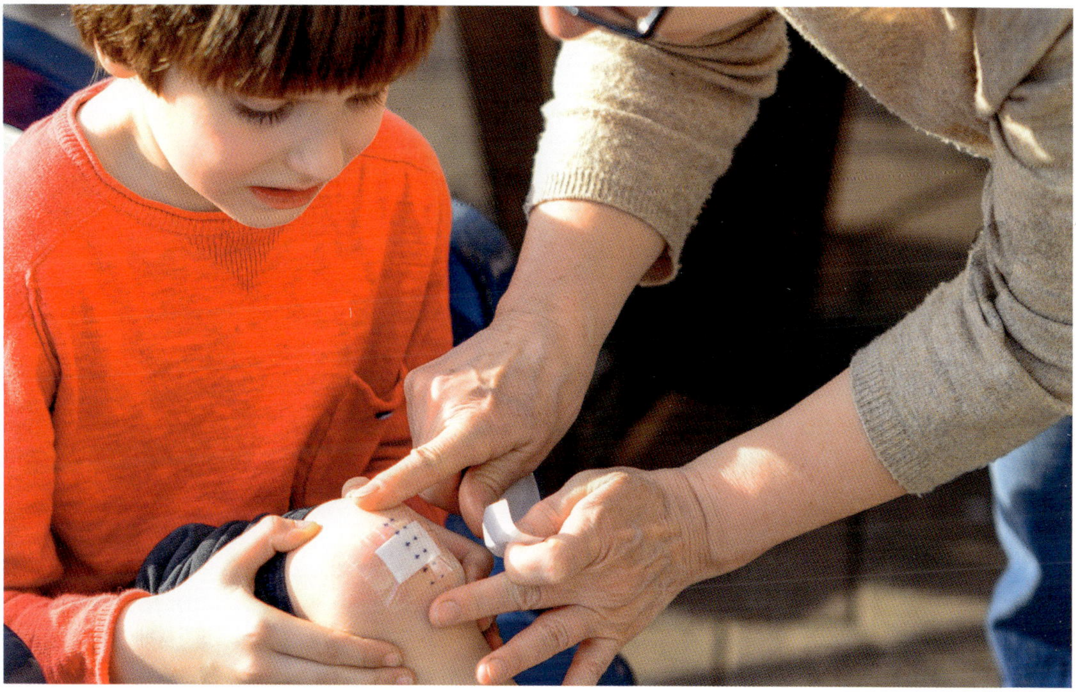

Kinder etwa ab 4 Jahren können mit Wasserdampf inhalieren (Kamille aufbrühen). Eine freie Nase beugt dem Husten vor, der meist auf den Schnupfen folgt. Handelsübliche Nasentropfen oder -sprays sollten grundsätzlich nur für kurze Dauer verabreicht werden.

Husten: Tagsüber ist der Husten halb so schlimm wie nachts. Dann hilft es, den Kopf etwas höher zu legen und ein hustenstillendes Mittel für Kinder zu verabreichen. Bei Krupp, Pseudokrupp oder Keuchhusten helfen als erste Maßnahme feuchte Handtücher im Kinderzimmer oder Dampfschwaden von der heißen Dusche im Bad, alles andere ist mit den Eltern abzusprechen.

Schrammen und kleine Verletzungen: pusten, trösten, ablenken. Wunde mit lauwarmem Wasser oder stillem Mineralwasser auswaschen, desinfizieren, Wundsalbe und Pflaster daraufgeben. Bei größeren Wunden vom Arzt klären lassen, ob die Wunde geklebt oder genäht werden muss.

Nasenbluten: Kopf nach vorn beugen, mit Daumen und Zeigefinger die Nasenflügel zudrücken, kalten Waschlappen in den Nacken legen.

Wenn das Enkelkind krank wird

Wenn das Enkelkind krank ist, leidet die Oma ganz besonders mit. Zum Glück handelt es sich in den meisten Fällen um Erkältungen, die schnell wieder vergehen.

Als mein Enkel Linus ein knappes Jahr alt war, stand seine erste Operation an. Aus seinem Ohr floss häufig ein eitriges Sekret. Das Ohr entzündete sich immer wieder, weil das Mittelohr nicht richtig belüftet war. Wie der Kinderarzt damals erklärte, geschieht das über die Ohrtrompete, die das Mittelohr mit dem Nasen-Rachen-Raum verbindet. Bei einer Störung entsteht Unterdruck, das Trommelfell zieht sich ein, Gewebezellen produzieren diesen zähflüssigen Schleim. Linus weinte relativ selten, die Schmerzen waren wohl erträglich. Dass er vermutlich auch schlechter hörte, konnten wir damals noch nicht feststellen. Wir konnten ihn ja nicht fragen. Selbst Antibiotika halfen nur kurzfristig, die OP war unumgänglich. Mithilfe von »Paukenröhrchen«, die in einer Operation eingesetzt und nach einigen Monaten wieder herausgenommen wurden (ein Röhrchen fiel von allein heraus), konnte Linus geholfen werden.

Meine Schwiegertochter und ich haben den kleinen Mann ins Krankenhaus begleitet. Es folgten sorgenvolle Stunden, aber es war ein Routineeingriff für die Ärzte, und alles ging gut. Ein solcher Paukenerguss tritt bei vielen Kindern bis zu 2 Jahren auf und muss behandelt werden.

Typische Erkrankungen bei Kindern

Die Kinder und Jugendlichen von heute sind laut Bundesgesundheitsministerium überwiegend gesund. Das haben Elternbefragungen und medizinische Untersuchungen der Betroffenen ergeben. In einer Studie zur Gesundheit von Kindern und Jugendlichen in Deutschland (KiGGS) stufen 94 Prozent der Eltern den allgemeinen Gesundheitszustand ihrer Kinder als gut oder sehr gut ein. Wenn Kinder erkranken, dann sind es neben wiederholten Erkältungen häufig chronische Erkrankungen wie Neurodermitis, Heuschnupfen und Asthma. So hat fast jedes zehnte Kind Heuschnupfen. Auch psychische Auffälligkeiten und lebensstilbedingte Gesundheitsrisiken wie Übergewicht sind von Bedeutung. Dabei sind laut Bundesgesundheitsministerium Kinder und Jugendliche aus sozial benachteiligten oder bildungsfernen Familien häufig höheren Gesundheitsrisiken ausgesetzt.

OMAS TAGEBUCH

Tablet oder Tablette?

Sein aktiver Sprachschatz ist noch sehr gering, aber der fast zweijährige Linus versteht fast alles, gibt sogar manchmal wertvolle Hinweise, wenn Oma mal wieder auf der Suche nach Brille oder Schlüssel ist. Mit einem »Oh, oh« läuft er auf schnellen kurzen Beinen durchs Haus und zeigt auf den gesuchten Gegenstand. Und wenn wir aus dem Keller kommen und ich vergessen habe, das Licht auszumachen, schlägt Linus ebenfalls Alarm. Ich darf mit dem Buggy auch nicht auf der Straße fahren, sofort kommt ein energischer Fingerzeig, den Bürgersteig zu benutzen. Das hat Linus wohl in der Kita gelernt – einfach süß, unser kleiner Feldwebel.

Neulich aber gab es ein Missverständnis, über das wir uns sehr amüsiert haben. Mein Enkel ist ohne Frage ein schlaues Kerlchen, aber Englisch versteht er nun doch noch nicht. Ich fragte meinen Mann, wo das Tablet sei. Daraufhin lief Linus in die Küche und zeigte auf eine Tablettenschachtel – und hat vermutlich nicht verstanden, warum wir darüber lachten. Nun überlege ich, wie ich diesen kleinen Computer künftig nenne, um den Zweijährigen nicht nochmals zu verwirren.

Positiv ist, dass 75 Prozent der Heranwachsenden regelmäßig Sport treiben. Allerdings erreichen nur 22 Prozent der Mädchen und 29 Prozent der Jungen die Bewegungsempfehlung der Weltgesundheitsorganisation von mindestens 60 Minuten körperlicher Aktivität am Tag. Angebote zur Früherkennung, die sogenannten U-Untersuchungen, werden von mehr als 95 Prozent der Familien wahrgenommen.

Nachfolgend habe ich einige typische Kinderkrankheiten aufgelistet. Meine Empfehlung: Wenn nicht kurzfristig Linderung zu erkennen ist, sollte immer der Rat des Kinderarztes eingeholt werden.

Bauchschmerzen bei Kindern sind keine Seltenheit und können vielfältige Ursachen haben. Meist sind die Gründe harmlos: Die Kinder haben etwas Falsches gegessen, Verdauungsprobleme oder Blähungen. Auch Stress, Ängste und andere seelische Probleme können sich in Bauchschmerzen äußern.

Hausmittel gegen Bauchschmerzen: Wärmflasche, Fencheltee, sanfte Bauchmassage, entspannendes Bad, bei Verstopfung helfen eingeweichtes Trockenobst, Leinsamen und Weizenkleie. Bei Blähungen lindern Anis- oder Kümmeltee die Beschwerden. Was Kinder mit Bauchweh besonders brauchen, ist Zuneigung: kuscheln, Geschichten vorgelesen bekommen, Lieblingsmusik hören, gemeinsam einen Kinderfilm anschauen.

Erkältung oder grippaler Infekt steht zweifellos an erster Stelle unter den Kinderkrankheiten. Vor allem am Anfang der Kita-Zeit scheinen einige Kinder jeden Erkältungsschub, der in der näheren Umgebung auftritt, mit nach Hause zu bringen. Kinder sind besonders anfällig gegenüber grippalen Infekten, weil es sehr viele verschiedene Viren gibt, die diese Erkrankung verursachen können. Das kindliche Immunsystem aber befindet sich noch im Aufbau und muss gegen diese leicht übertragbaren, unterschiedlichen Erreger erst einmal Abwehrstoffe bilden. Fachleute gehen deshalb davon aus, dass bis zum Schulalter acht bis zwölf grippale Infekte im Jahr durchaus normal sein können und kein Anlass zur Besorgnis sind.

Ein grippaler Infekt wird häufig auch von Halsschmerzen begleitet: Es kratzt und brennt im Hals, der Rachen ist gerötet, und das Schlucken schmerzt. Zusätzlich können auch die Lymphknoten am Hals leicht geschwollen sein. Lindernd wirkt vor allem, was ein Austrocknen der Schleimhäute verhindert: Bonbons mit Salbei oder Pfefferminz lutschen, mit lauwarmem Kamillentee gurgeln, kalte oder warme Halswickel umlegen. Wenn sich zu der erkältungsbedingten Entzündung der Rachenschleimhaut noch Bakterien gesellen, kann sich aus meist harmlosen Halsschmerzen eine eitrige Mandelentzündung oder Angina entwickeln. Kennzeichen hierfür sind die eitrigen Beläge auf den Rachenmandeln, Veränderungen der Schleimhaut sowie meist hohes Fieber.

Drei-Tage-Fieber ist eine akut auftretende, hochansteckende aber harmlose Viruserkrankung, die durch Herpesviren ausgelöst wird. Kennzeichnend ist plötzlich ansteigendes, hohes Fieber, das drei bis vier Tage andauert. Anschließend bildet sich ein Hautausschlag, der nach einigen Tagen wieder abklingt. Diese Krankheit tritt bei Babys und Kleinkindern vorwiegend zwischen dem 6. und 24. Lebensmonat auf.

Scharlach ist eine sehr ansteckende Infektionskrankheit. Die auslösenden Bakterien werden über kleinste Speicheltropfen übertragen und können Halsschmerzen, Hautausschlag und Fieber verursachen. Symptome sind Halsentzündung mit Rötung, Schwellung, Schmerzen; Blässe rund um den Mund und »Himbeerzunge« (eine leuchtend rot gefärbte Zunge) sowie Hautausschlag (kleinfleckige Papeln, die am Oberkörper beginnen und anschließend auf den ganzen Körper mit Ausnahme der Handflächen und Fußsohlen übergreifen).

Keuchhusten ist eine akute Infektion der oberen Atemwege. Typische Symptome sind krampfartige Hustenanfälle und ein keuchendes Atemgeräusch beim anschließenden Luftholen. Keuchhusten kann Kinder und Erwachsene gleichermaßen treffen, äußert sich aber etwas unterschiedlich. Die Impfung ist ab dem zweiten Lebensmonat möglich und muss nach zehn Jahren aufgefrischt werden. Keuchhusten kann über mehrere Wochen anhalten. Gefährliche Komplikationen können vor allem bei kleinen Kindern auftreten.

Omas Geheimwissen Gesundheit

Viele Hausmittel, die man im Internet findet, sind oft eher Unsinn als eine angemessene Lösung für gesundheitliche Probleme. Aber einige davon haben die Wissenschaft auf ihrer Seite und wirken sogar besser als ihre medizinischen Pendants. Einen Versuch sind sie allemal wert.

Sonnenbrand

Wickel mit Kamille, Aloe-vera-Gel oder Quark aus dem Kühlschrank wirken bei Sonnenbrand sanft kühlend und entzündungshemmend. Inzwischen gibt es im Handel auch viele After-Sun-Cremes und -Gels, die reichlich Feuchtigkeit spenden und die Regeneration der Haut unterstützen. Die Cremes dürfen keinen Alkohol enthalten.

Nagelbettentzündungen

Bei Entzündungen des Nagelbetts, die vielleicht bei der Nagelpflege oder durch Nägelkauen verursacht wurden, können die natürlichen antibakteriellen Eigenschaften von Essig Wunder bewirken. Mischen Sie Weißweinessig mit warmem Wasser, und wenden Sie diese Tinktur täglich 15 Minuten auf die betroffenen Stellen an.

Warzen

Ärzte bestätigen, dass Klebeband effektiv gegen Warzen hilft, durch die Kombination von Klebstoff in luftdichter Umgebung, der giftig für Warzen, aber ungefährlich für den Betroffenen ist. Tatsächlich stellte eine Studie 2002 fest, dass 85 Prozent der Warzen mithilfe des Klebebands verschwanden, verglichen mit nur 60 Prozent bei den Probanden, deren Warzen vereist wurden. Das Klebeband sollte maximal 2 Monate eingesetzt werden und in dieser Zeit alle 6 Tage gewechselt werden, bis die Warze verschwunden ist.

Übelkeit

Ingwer beschleunigt die Magenentleerung und hilft bei der Lösung und Freisetzung von Darmgasen, so Prof. Dr. Martin Smollich (Universitätsklinikum Schleswig-Holstein in Lübeck).

Geben Sie Ihrem Enkel also Ingwertee und lassen ihn diesen langsam trinken, oder bieten Sie ihm einfach ein paar Süßigkeiten aus echtem Ingwer an.

Kopfschmerzen

Das Auflegen von Eiswürfeln auf den Schläfen oder die Rückseite des Halses für 10 bis 15 Minuten betäubt den Nerv, der das Schmerzsignal sendet und Blutgefäße verengt. Außerdem lenkt das starke Kältegefühl vom Schmerz ab, so Dr. Sabine Schneider, Ärztin am Schmerzzentrum Wiesbaden. Auch ein Zitronenumschlag kann helfen: den Saft auf ein Mulltuch träufeln, auf die Stirn legen, dünnes Handtuch darüberlegen, etwa 30 Minuten wirken lassen.

Halsschmerzen

Eine Studie des »European Journal of Medical Research« fand heraus, dass ein Spray mit 15-prozentigem Salbei-Anteil innerhalb von nur 2 Stunden hervorragende schmerzlindernde Wirkung entfaltet. Alternative: Übergießen Sie einfach 2 Esslöffel frischen Salbei (oder 1 EL getrockneten) mit einer Tasse fast kochendem Wasser. Lassen Sie den Tee 10 bis 15 Minuten ziehen. Für Kinder ab 4 Jahren geeignet. Oder Zitronensaft auf ein feuchtes kaltes Tuch geben, vorn um den Hals legen und ein trockenes Tuch darüber wickeln.

Husten

Zwei bis drei Pellkartoffeln zerdrücken, auf Küchenpapier legen, darüber ein Baumwolltuch, alles platt drücken und auf die Kinderbrust legen, solange der Wickel warm ist.

Hautekzeme

Von Ekzemen belastete Haut ist tendenziell eher auf der sauren Seite der pH-Wert-Skala. Natron neutralisiert den pH-Wert der Haut durch seine basischen Eigenschaften und löst nebenbei auch einige trockene Hautschuppen. Mischen Sie einen Esslöffel Natron mit lauwarmem Leitungswasser und baden oder befeuchten Sie die betroffenen Hautstellen für 15 Minuten, dreimal wöchentlich.

Verdauungsbeschwerden

Eine Studie in der Zeitschrift »Digestion« beschreibt, wie eine Kräutermischung aus Süßholzwurzel (Hauptbestandteil von Lakritze) und Pfefferminzblättern stark zur Linderung von Verdauungsstörungen beitragen kann. Süßholz (oder Lakritze mit hohem Süßholzanteil) erhöht die Schleimproduktion und hat damit eine beruhigende Wirkung für den Magen. Pfefferminze entspannt den Magenschließmuskel, der bei Magenverstimmungen meist verkrampft. Schon Süßigkeiten aus Lakritze und Pfefferminz können Abhilfe schaffen, ebenso Tee aus einem oder beiden Bestandteilen.

Viele der hier aufgezählten Kinderkrankheiten kommen Ihnen sicherlich bekannt vor aus der Zeit, als Ihre eigenen Kinder klein waren. In vielen leichteren Fällen helfen Hausmittel, die man sich immer wieder mal in Erinnerung rufen sollte. Das spart den Gang zum Arzt und zur Apotheke.

KAPITEL 9

Erste Hilfe Finanzen, Recht & Steuern

Viele Großeltern möchten für ihre Enkel Geld sparen oder anlegen. Dabei gibt es einiges zu beachten, um selbst keinen finanziellen Nachteil zu haben. Im folgenden Kapitel zeige ich einige Beispiele für Wertanlagen auf. Auch beim Thema Vererben gilt es, Klippen zu umschiffen.

Geld anlegen für die Enkel

Wie können wir unseren Enkeln über die Geburtstags- und Weihnachtsgeschenke hinaus etwas Gutes tun und ein finanzielles Polster für sie bilden?

Vor dieser Frage standen mein Mann und ich bei der Geburt unseres ersten Enkels Linus. Wir hatten noch in bester Erinnerung, wie meine Eltern damals unsere Kinder unterstützt hatten, und wollten dies nun bei unserem Enkel fortsetzen. Mein Vater hatte damals ein Sparbuch für jeden Enkel angelegt, zusammen mit den früher guten Zinsen kam mit den Jahren ein stattlicher Betrag zustande. Das Geld wurde allerdings nicht – wie eigentlich von den Großeltern vorgesehen – für die Ausbildung unserer Söhne verwendet. Als unser erster Sohn volljährig wurde und die Bank ihn wegen seines Kontos anschrieb, hatte er nur einen Wunsch: Er wollte das Geld für ein eigenes Auto verwenden. Wir als Eltern konnten dagegen nichts tun. Er war 18 und damit alleiniger Herrscher über sein »Vermögen«. Rückblickend betrachtet wäre es wohl sinnvoller gewesen, das Konto auf unseren Namen abzuschließen, um ihm dann irgendwann die Summe für sein Studium oder die erste Wohnung auszuzahlen.

Auch heute bieten die meisten Sparkassen und Banken sogenannte »Junior-Sparkonten« oder »Mäusekonten« an. Es wird als sinnvolle Geschenkidee gepriesen, um das Kind zu unterstützen, Geld für die Zukunft zu sparen. Es kann kostenfrei von Großeltern oder Paten eingerichtet werden, nennenswerte Zinsen gibt es momentan allerdings nicht. Sollen die Enkel regelmäßig eine gewisse Geldsumme zur freien Verfügung haben, können Oma und Opa monatlich Taschengeld auf ein Kindergirokonto einzahlen. Geldgeschenke kann man auf einem Tagesgeldkonto sicher anlegen. Die Zinsen gehen zwar auch hier momentan in Richtung Null, doch das Geld ist jederzeit verfügbar. Wir haben ein normales Sparkonto für unsere jüngsten zwei Enkelinnen gewählt, denken aber über eine andere Sparform nach. Die beiden Älteren, Linus und Paula, haben einen vor Jahren abgeschlossenen Bausparvertrag mit guten Konditionen. Bei Neuabschlüssen sind auch hier die Zinsen inzwischen im Keller.

Aktienanlage

Möchte man Geld für die Enkelkinder ansparen, sollte man sich vorab gut überlegen, wie kurz- oder langfristig, wie sicher oder möglicherweise auch lukrativ die Anlage sein soll. Wer sich mit Aktien auskennt, könnte mehr Rendite für sein Enkelkind herausholen. Dazu bedarf es aber einer langfristigen Beobachtung des Aktienmarktes. Sinnvoll ist außerdem ein gewisses Fachwissen, das man sich selbst aneignet oder für das man sich von einem Experten seines Vertrauens beraten lässt.

Möchten die Großeltern das Geld langfristig anlegen, können »ETFs« eine vielversprechende Option sein. Ein ETF (Exchange Traded Fund) ist ein börsengehandelter Indexfonds, der die Wertentwicklung eines Index wie beispielsweise des DAX abbildet. Im Kern vereinen ETFs die Vorteile von Aktien und Fonds in einem Produkt. Möchten Großeltern in ETFs investieren, kann das eine ziemlich wertstabile Option sein.

Bei ETFs unterscheidet man zwischen zwei Anlagestrategien: dem ETF-Sparplan und dem ETF-Depot. Ersterer ist für regelmäßiges

Sparen ausgelegt – Gewinne werden immer wieder reinvestiert. In ein Depot hingegen können Großeltern flexibel Beträge einzahlen. In vielen Fällen beginnen sie dabei mit einer großen Summe, die den Stein ins Rollen bringt, und stocken das Depot dann zu Geburtstagen oder zu Weihnachten mit Sonderzahlungen auf.

Großeltern, die mit dem Börsenmarkt vertraut sind, entscheiden sich aber auch oft für den direkten Aktienhandel an der Börse, denn die Renditen sind dabei meist lukrativer. Wer direkt an der Börse Aktien für die Enkel kaufen möchte, sollte allerdings auf ein sicheres Pferd setzen – besonders dann, wenn das Investment lange Jahre im Depot ruhen soll. Auch die Wahl des Depotanbieters kann Einfluss auf den Wertzuwachs nehmen. Je teurer die Depotführungsgebühren und die Transaktionskosten oder Orderentgelte, desto weniger bleibt unterm Strich von den Gewinnen übrig. Ein günstiges, meist kostenloses Kinderdepot ist daher ein Muss.

Vor der Eröffnung eines Junior-Depots müssen die Eltern des Kindes zustimmen und eine Geburtsurkunde für die Eröffnung zur Verfügung stellen. Da die Vermögenssorge Teil des Sorgerechts ist, dürfen Großeltern hierbei nicht im Alleingang agieren. Eine andere Möglichkeit besteht darin, die Eltern das Junior-Depot eröffnen zu lassen und den Großeltern eine Vollmacht dafür zu erteilen.

Ein Aktiendepot funktioniert ähnlich wie das ETF-Depot. Auch hier sind die Summen flexibel einzahlbar. Möchten Großeltern diesen Weg gehen, sollten sie die Wertpapiere im Depot aber dauerhaft im Blick haben und gegebenenfalls selbst Aktien verkaufen und kaufen können. Bei ETFs übernimmt dies ein Broker oder ein automatisiertes System für die Kunden.

Was es beim Sparen für die Enkel zu bedenken gilt

Wenn Großeltern für die Enkel sparen möchten, stellt sich eine Frage immer gleich zu Anfang: Auf wessen Namen soll offiziell gespart werden? Dabei gibt es zwei Möglichkeiten: Die- oder derjenige Großelternteil, der das Depot eröffnet, macht es auf den eigenen Namen und überträgt das Depot später einmal auf das Enkelkind. Oder aber die Person, die die Einzahlungen leisten wird, lässt das Depot direkt auf den Namen des Kindes eröffnen.

Variante 1:

Wer das Depot für das Enkelkind in seinem eigenen Namen abschließt, hat folgenden Vorteil: Tritt ein finanzieller Notfall ein, kann der Depotinhaber über das einbezahlte Geld verfügen, indem er Aktien abtritt und das Depot auflöst.

Nachteil: Schließt man ein Depot auf den eigenen Namen ab, wird mit den Renditen auch Kapitalertragssteuer fällig, sobald man den Schwellenwert für den Freibetrag (1602 Euro pro Ehepaar) überschreitet. Wer selbst noch andere Depots hat, kommt daher oft nicht um Zahlungen an das Finanzamt herum. Zudem muss das Depot später einmal auf das Enkelkind übertragen werden. Dies ist mit einem gewissen Aufwand verbunden. Aber auch das Vererben eines Aktiendepots ist möglich.

Variante 2:
Lautet das Depot auf den Namen des Enkelkindes, hat dies den Vorteil, dass die Großeltern keine Kapitalertragssteuer abführen müssen. Dies muss das Kind tun, sobald seine Kapitalerträge 801 Euro pro Jahr überschreiten. Die potenzielle Steuerlast ist der Grund, weshalb die Entscheidung für oder gegen ein Depot den Eltern obliegt.

Zudem ist das Geld im Depot für das Kind gesichert (mündelsicher). Werden die Großeltern beispielsweise gepfändet, kann nicht auf das Vermögen des Enkels zugegriffen werden.

Nachteile: Ziel des Sparens für die Enkel ist es, ihnen ein finanzielles Polster zu schaffen. Doch mit einer stattlichen Geldanlage im Gepäck tun die Enkel sich später einmal schwer beim Beantragen von BAföG (Bundesausbildungsförderungsgesetz). Für die Berechnung werden nämlich sämtliche Geldanlagen der beantragenden Person zugrunde gelegt. Ein gut gefülltes Depot kann dann also dazu führen, dass das Enkelkind keine staatliche Unterstützung während der Ausbildung oder des Studiums bekommt. In diesem Fall muss das von den Großeltern erwirtschaftete Kapital genutzt werden, um die Lebenshaltungskosten zu sichern. Besonders brenzlig wird es, wenn das begünstigte Enkelkind gar nichts vom eigenen Depot weiß. Ist das der Fall, kann es zur Bewilligung von BAföG kommen, gefolgt von hohen Rückzahlungen, wenn das Geld entdeckt wird.

Letztlich müssen auch die Eltern der Eröffnung des Kinderdepots zustimmen. Das könnte die Eröffnung eines Depots komplizierter machen. Und wie schon erwähnt, können Oma oder Opa nicht über das einbezahlte Geld verfügen, wenn ein finanzieller Notstand dies erforderlich machen sollte.

Tipp

Gut zu wissen:

Die erste Anlaufstelle von Großeltern, die für die Enkel sparen möchten, ist oft die Hausbank. Gern empfehlen die Berater sogenannte Ausbildungsversicherungen oder Kinderschutzbriefe. Diese Anlagemodelle koppeln das Sparen mit dem Versichern. Experten raten davon jedoch ab. Wenn die Großeltern gestorben sind, müssen die Enkel diese Versicherungen nämlich bis zum eigenen Renteneintritt aus ihrer eigenen Tasche weiterzahlen.

Kinderbetreuung steuerlich absetzen und andere Steuerfragen

Die Zeit, die Sie Ihrem Enkelkind schenken, ist unbezahlbar. Die meisten Großeltern »arbeiten« aus Vergnügen und genießen jede Minute, die sie mit dem Nachwuchs verbringen dürfen. Dennoch können sie auch steuerlich von ihrer Tätigkeit profitieren.

In der Regel wollen Großeltern von den eigenen Kindern für die Betreuungsarbeit nicht bezahlt werden. Dennoch ist es gut zu wissen, dass es im Falle einer Vergütung für die zahlenden Eltern Wege gibt, diese Kosten steuerlich geltend zu machen – vollkommen legal und mit geringem Aufwand.

Bezahlte Kinderbetreuung

Kosten für die Kinderbetreuung, die an Großeltern bezahlt werden, sind für die Eltern als Sonderausgaben abzugsfähig und können daher zu einer Steuerersparnis führen. Denn auch die Kinderbetreuung durch Angehörige, in unserem Fall die Großeltern, sind Sonderausgaben im Sinne des Steuerrechts. Wichtig für die Abzugsfähigkeit sind eine klare, möglichst schriftliche Vereinbarung und natürlich eine entsprechende Zahlung an die Großeltern. Die Höchstgrenze für die Abzugsfähigkeit beträgt 4000 Euro pro Kind.

Auch (oder nur) an die Großeltern gezahlte Fahrtkosten können von den Eltern steuerlich geltend gemacht werden, wenn eine entsprechende Rechnung ausgestellt wird. Fahrtkosten (0,30 Euro pro Kilometer) sollte man daher auf jeden Fall abrechnen und steuerlich einsetzen. Beispiel: Oma fährt viermal monatlich zu ihrem Enkelkind, um es von der Kita abzuholen und anschließend zu betreuen. Dabei legt sie jedes Mal für Hin- und Rückfahrt 50 Kilometer zurück, monatlich also 200 Kilometer. Die Oma könnte den Eltern ihres Enkelkindes eine monatliche Rechnung in Höhe von 60 Euro

(200 mal 0,30 Euro) schreiben. Auf das Jahr berechnet entstünden den Eltern so Kosten von 720 Euro, die sie an die Großmutter zahlen müssten, aber im Gegenzug bei der jährlichen Steuererklärung als Kinderbetreuungskosten im Rahmen des Sonderausgabenabzugs geltend machen können.

Soweit also die Eltern den Großeltern Aufwände vergüten, kann dies steuerlich relevant werden. Fraglich ist, ob Fahrtkosten, die den Großeltern des betreuten Kindes bei ansonsten unentgeltlicher Kinderbetreuung erstattet werden, als Sonderausgaben i.S.d. § 10 Abs. 1 Nr. 5 EStG berücksichtigt werden können. Die Finanzverwaltung lässt erfreulicherweise den Sonderausgabenabzug auch zu, wenn die Großeltern für die Betreuung ihres Enkelkindes kein Entgelt verlangen. Allerdings verlangt die Finanzverwaltung, dass die Großeltern für die Fahrtkosten eine Rechnung ausstellen (FG Baden-Württemberg Urteil vom 09.05.2012 – 4 K 3278/11).

Pflegezeit

Die gesetzlichen Regelungen zur Pflegezeit gelten auch für Großeltern. Arbeitnehmer bekommen in bestimmten Fällen Sonderurlaub, wenn sie einen nahen Angehörigen pflegen müssen. Nahe Angehörige sind auch Enkelkinder. Wenn Großeltern also noch im Berufsleben stehen und die Eltern aus verschiedenen Gründen für die Pflege der Kinder keine Zeit haben, können Großeltern diese Pflegezeit ebenfalls in Anspruch nehmen. Bei einem kurzen Zeitraum von bis zu zehn Tagen reicht hierfür ein Attest. Bei einem längeren Einsatz – etwa bei körperlicher oder geistiger Behinderung oder chronischer Krankheit des Enkelkindes – muss für den zu pflegenden Angehörigen eine Pflegestufe bei der Krankenkasse beantragt werden. Man erhält dann Pflegeleistungen, und es können bis zu sechs Monate Pflegezeit genommen werden.

Umgangsrecht

Wenn Großeltern ihre Enkel gar nicht (mehr) oder nur sehr eingeschränkt sehen dürfen, ist das für die Betroffenen ein schmerzlicher Umstand, der aber sehr viel häufiger vorkommt, als man denkt. Auf dem Internetportal grosseltern.de sind Rechtsfragen zum Thema Umgangsrecht für Großeltern ein Dauerthema. Grund hierfür ist oft die Scheidung der Eltern. In diesem Fall betrifft das eingeschränkte Umgangsrecht dann nur die Eltern eines der geschiedenen Ehepartner.

Oft bestehen aber auch Meinungsverschiedenheiten zwischen Eltern und Großeltern, die zu einer Einschränkung des Umgangs mit dem Enkelkind führen. In § 1685 I BGB ist ausgeführt, dass »Großeltern … ein Recht auf Umgang mit dem Kind haben, wenn dieser dem Wohl des Kindes dient«. Diese Prüfung geht oftmals zu ungunsten der Großeltern aus, da die Gerichte fürchten, ein Urteil könnte den Streit zwischen den Parteien noch verschärfen, was dem Kindeswohl nicht dienlich wäre. Dennoch gibt es auch Urteile, in denen Großeltern ein regelmäßiges Umgangsrecht eingeräumt wurde. Dies ist vor allem dann der Fall, wenn die Gerichte eine besondere Bindung der Kinder an die Großeltern bejahen, etwa, weil die Großeltern ihre Enkel in der Vergangenheit regelmäßig und intensiv betreut haben und daher wichtige Bezugspersonen für die Kinder geworden sind. Hier entspricht es dann dem Kindeswohl, diesen Umgang sicherzustellen.

Ein besserer Lösungsansatz als der Weg zum Gericht ist die Einbindung von Vermittlern. Ansprechpartner gibt es bei den Jugendämtern und Familienberatungsstellen. Man kann auch versuchen, einen nahen Familienangehörigen einzubinden, der beide Seiten kennt und das Thema neutral zu klären hilft. Hierfür gibt es auch speziell ausgebildete Mediatoren, die auf solche Familienfragen spezialisiert sind und gemeinsam mit den Parteien eine Lösung im Sinne der Enkelkinder suchen.

Versicherungsschutz von Kindern

Ein in jüngerer Zeit gefälltes und für betreuende Großeltern unerfreuliches Urteil des Bundessozialgerichts besagt: Verletzt sich das Enkelkind durch einen Augenblick der Unaufmerksamkeit der Großeltern schwer, so tritt dafür nicht die gesetzliche Unfallversicherung ein. Was waren die genauen Umstände?

In dem Verfahren ging es um ein einjähriges Kind, das auf dem Grundstück im Garten der Großmutter an einen flachen Teich gekrabbelt und in diesen hineingefallen war: Die Folgen waren dramatisch: Schwere Hirnschädigung – mit der Folge einer lebenslangen Behinderung. Da die Großmutter das Kind vorher schon re-

gelmäßig für seine berufstätigen Eltern betreut hatte, gingen alle Beteiligten davon aus, dass diese Tätigkeit wie die einer offiziellen Tagesmutter zumindest finanziell mit dem Schutz der gesetzlichen Unfallversicherung abgedeckt war. Doch nach dem Sozial- und Landessozialgericht kam schließlich auch das Bundessozialgericht zu dem Ergebnis, dass dies nicht der Fall sei. Das höchste Sozialgericht lehnte den Versicherungsschutz ab: Die Großmutter sei nicht gesetzlich unfallversichert gewesen. Das Gesetz erfasse »nicht jedwede Kindesbetreuung durch Verwandte, Freunde oder Bekannte«. Es schütze insofern nur »vom Jugendamt vermittelte Tagespflegepersonen«, die beim Jugendamt registriert seien und von diesem vermittelt würden. Bei von den Eltern selbst ausgewählten Betreuungspersonen setze ein Unfallversicherungsschutz »deren Anmeldung beim Jugendamt voraus«. Auf die Qualität der Betreuung ohne eine solche Anmeldung komme es nicht an (AZ: B 2 U 2/17 R).

Das hier genannte Beispiel ist sicher ein besonders unglücklicher Fall, der in dieser Form zum Glück wohl kaum vorkommt. Dennoch: Wer als Großmutter regelmäßig seine Enkel betreut und bei Unfällen aller Art auf der sicheren Seite sein will, sollte mit dem Jugendamt klären, dass eine Anmeldung als Tagespflegeperson erwünscht ist.

Richtig vererben

Das Thema Erbrecht ist sehr komplex und umfangreich. Oft ist es sinnvoll, sich dazu individuell beraten zu lassen, um die möglichen Freibeträge voll auszuschöpfen.

An dieser Stelle sollen interessierten Großeltern lediglich einige Basis-Informationen und Ideen mit auf den Weg gegeben werden, die gemeinsam mit einem erbrechtlichen Berater oder entsprechender Literatur vertieft werden können. Fragen können auch an recht@grosseltern.de gerichtet werden.

Erbfolge ohne Testament

Wenn der Verstorbene kein Testament aufgesetzt hat und auch kein Erbvertrag vorliegt, greift die gesetzliche Erbfolge. Diese ist immer zunächst zu prüfen, bevor ein Testament aufgesetzt wird. Nach der gesetzlichen Erbfolge erben die Verwandten entsprechend ihrem Verwandtschaftsgrad: Verwandte der 1. Ordnung (Kinder und Enkelkinder) erben vor Verwandten der 2. Ordnung (Eltern und Geschwister, Nichten und Neffen), diese wiederum vor Verwandten der 3. Ordnung (Großeltern, Onkel, Tanten, Cousins). Das Erbe wird zwischen den Mitgliedern der jeweiligen »Ordnung« aufgeteilt. Hat der Erblasser zum Beispiel zwei Kinder, bekommt jedes Kind zunächst die Hälfte (soweit kein überlebender Ehegatte vorhanden ist). Ist ein Kind bereits verstorben, erben dessen Kinder und teilen sich das Erbe. Wenn es keine Verwandten gibt oder diese das Erbe ausschlagen und weiterhin kein Testament oder Erbvertrag vorhanden ist, fällt das Erbe an das Bundesland, in dem der Erblasser zum Todeszeitpunkt seinen Wohnsitz und ständigen Aufenthalt hatte.

Testament

Wer die gesetzliche Erbfolge abändern will, sollte ein Testament aufsetzen. Hierbei sind einige Formvorschriften zu beachten. Das eigenhändige Testament ist nur wirksam, wenn es handschriftlich verfasst und persönlich mit vollem Namen unterschrieben ist. Daneben muss es mit Ort und Datum versehen sein. Alternativ besteht die Möglichkeit, zu einem Notar zu gehen und ein öffentliches Testament aufsetzen zu lassen, das dann amtlich verwahrt wird. Das eigenhändige Testament ist flexibler, weil man es jederzeit ändern kann; das öffentliche Testament ist sicherer, da es vom Notar formuliert wurde. Liegen mehrere Testamente vor, gilt natürlich das jüngste.

Bei der Gestaltung des Testaments spielt auch immer die Steuerfrage eine Rolle. Soll ein größeres Vermögen vererbt werden, empfiehlt es sich unbedingt, vorher eine steuerliche Beratung einzuholen. Grundsätzlich gibt es Freibeträge, innerhalb derer das Erbe steuerfrei bleibt und die vom Verwandtschaftsgrad abhängen. Liegt der vererbte Gesamtbetrag unterhalb der Freibeträge, müssen die Erben also keine Erbschaftssteuer zahlen. Eltern oder Großeltern fallen dabei in eine schlechtere Steuerklasse als Kinder oder Enkelkinder. Gut zu wissen ist, dass zwei Schenkungen, die von einer Person innerhalb von zehn Jahren gemacht werden, addiert werden und somit nur als eine Schenkung besteuert werden. Der Freibetrag kann nur alle zehn Jahre geltend gemacht werden.

Erben kann teuer werden, denn bei Erbschaftssteuer und Schenkungssteuer hält das Finanzamt kräftig die Hand auf. Schwieger- und Enkelkindern direkt etwas zu schenken ist also wegen der Schenkungssteuer ungünstig. Besser ist es, zunächst den eigenen Kindern das Vermögen zu schenken, damit diese das Vermögen an Ehegatten und Kinder weiterreichen können. Dieses Verfahren nennt sich auch Umwegschenkung oder Kettenschenkung. Vorteil ist, dass so die Steuerfreibeträge optimal ausgenutzt werden. Der Steuerfreibetrag gilt pro Großelternteil. Gleiches gilt bei der Schenkung der Eltern an die Kinder. Das heißt: Schenken Oma und Opa jeweils etwas, dann verdoppelt sich der Freibetrag für das Enkelkind auf 400 000 Euro.

Diese Beispiele und steuerlichen Rahmenbedingungen zeigen, dass es beim Thema Geld anlegen, verschenken oder vererben einiges zu beachten gibt, um finanzielle Nachteile für sich selbst sowie Kinder und Enkel zu vermeiden. Bei größeren Beträgen ist es also in jedem Fall ratsam, einen Fachanwalt einzubeziehen.

Ein paar Worte zum Schluss

Dieses Buch zu schreiben hat mir großen Spaß gemacht und die abwechslungsarme Zeit der Coronapandemie sehr erleichtert. Es ist durch einen glücklichen Zufall entstanden: Als Redakteurin einer großen norddeutschen Zeitung hatte ich mit der Geburt meines ersten Enkels begonnen, kleine Glossen über meine Begegnungen mit Linus zu schreiben, sechs Jahre lang zur Freude unserer Leser, die mich immer wieder ermunterten, weitere Linus-Geschichten zu verfassen. Zum Schluss waren es knapp 50. Das Internet-Portal grosseltern.de hat alle Kolumnen veröffentlicht, und so wurde die Lektorin Caren Kinscherf vom DK-Verlag auf die Geschichten aufmerksam. Von ihr kam die Anregung, einen Großeltern-Ratgeber zu schreiben. Sie war hartnäckig und ermutigte mich, am Ball zu bleiben – danke dafür. Jetzt ist das Buch fertig, zu meiner und auch zur Freude des Verlags.

Erst beim Schreiben wurde mir bewusst, wie viel Zeit ich mit meinem Enkel Linus verbringen durfte. Bei vielen Erlebnissen hatte ich ein Déjà-vu-Gefühl: Diese Situation hatte ich mit meinen Söhnen damals doch auch erlebt! Auch wenn sich die Erziehungsmethoden geändert haben – die Bedürfnisse, Wünsche und Wutausbrüche der Kinder sind dieselben geblieben. Ich bin den jeweiligen Situationen mit mehr Gelassenheit begegnet und bin dankbar, dass ich diese gemeinsame Zeit mit Linus und auch mit meinen weiteren drei Enkelkindern Paula, Mathilde und Lena habe. Vielleicht haben auch Sie sich in einigen Geschichten aus diesem Buch wiedererkannt und festgestellt: Genau so ist es bei mir auch gewesen. Ich wünsche Ihnen jedenfalls ganz viele schöne Erlebnisse mit Ihren Enkeln. Genießen Sie diese Zeit.

Silke Geercken, März 2022

Großeltern-Weisheiten

Natürlich glaube ich an die Liebe auf den ersten Blick.
Ich bin ja Oma.

Ich habe viele Namen in meinem Leben erhalten,
aber »OMA« ist mein Lieblingsname.

Ich bin Opa, ich muss nicht »NEIN« sagen.

Das eigene Enkelkind zum ersten Mal zu treffen ist das einzige Blind Date,
bei dem man sofort weiß, dass es eine Liebe fürs Leben ist.

Oma zu sein ist der beste Job der Welt.
Er wird mit grenzenloser Liebe bezahlt.

Ob beieinander oder viele Kilometer voneinander entfernt –
Enkelkinder trägt man immer in seinem Herzen.

Enkelkinder sind die Sonnenstrahlen in unserem Leben.

Großeltern sind da, um Kindern zu helfen Unfug zu machen,
auf den sie allein nicht gekommen wären.

Manchmal hilft nur Schokolade. Oder Omi.

Wer sagt, dass Rosen schön sind, hat noch nie einen Strauß Unkraut
von seinem Enkelkind geschenkt bekommen.

Nachwort von grosseltern.de

Geschätzte Leserin, geschätzter Leser,
mein Name ist Andreas Reidl, gemeinsam mit Dr. Stefan Lode habe ich grosseltern.de gegründet. Die Frage, was Großeltern von heute bewegt, hat uns auf die Idee gebracht, uns intensiv mit der Lebensphase der Großelternschaft zu befassen. Für Eltern gibt es Ratgeber und Internetseiten, warum eigentlich nicht auch für Großeltern? Das erste Kind stellt Eltern vor viele Fragen – das erste Enkelkind die Großeltern ebenso. Immerhin sind ja 25 bis 30 Jahre, manchmal auch mehr, vergangen, bis man von der tollen Mutter zur besten Oma bzw. vom sorgenden Vater zum besten Opa befördert wird. Wir haben Großeltern in unserem Umfeld befragt. Was wir zu hören bekamen, hörte sich oft ähnlich an: »Ich konnte mich bei der Geburt des ersten Enkels ja noch beherrschen, aber mein Mann war völlig aus dem Häuschen, so als hätte er noch nie ein Kind bekommen. Nach den ersten Wochen haben wir uns dann gefragt – wie ist eigentlich unsere Rolle als Großeltern? Wie wollen wir uns unserem Sohn, unserer Schwiegertochter, ihren Eltern und vor allem unserem frisch geborenen Enkel gegenüber verhalten? Worauf müssen wir achten? Was haben wir vielleicht verlernt? Was ist richtig, was ist falsch? Wir wollten weder uns selbst, noch den Rest der Familie mit der Liebe und Begeisterung zu unserem ersten Enkelkind überfordern.«

Viele Fragen und wenig Antworten, dachten wir uns, und deshalb ist grosseltern.de entstanden – die in Deutschland führende Internetplattform, die sich ausschließlich an Großeltern richtet und Antworten auf alle Fragen rund um das Enkelkind liefert, Ratschläge und interessante Hintergrundinformationen. Das Angebot umfasst praktische Informationen etwa zum richtigen Geschenk für jedes Enkelkind-Alter, Tipps zur Freizeitgestaltung mit den Enkelkindern und Expertenrat zu medizinischen, rechtlichen und familiären Fragen.

Grosseltern.de versteht sich aber nicht nur als Informationsportal für praktische Fragen, sondern auch als Anreger, Verstärker und Multiplikator eines neuen Großelternbewusstseins. Die Würdigung und Wertschätzung der gesellschaftlichen Leistung von Großeltern ist eine intergenerative Aufgabe.

Grosseltern.de ist ein lebendiges Netzwerk von Experten, Projekten und Menschen, die in ihrer Rolle als Oma und Opa einen Beitrag für ein generationenfreundliches Miteinander leisten wollen. Machen Sie sich bewusst: Sie, liebe Großeltern, bringen in unserem Land nicht nur das Verständnis mit für Ihre Rolle in der Familie und für unsere Gesellschaft. Sie sind auch jung genug, um zu reisen, sich zu bilden, um sich Lebensträume zu erfüllen und in neuen Familienkonstellationen zu leben. Und auch jung genug, um sich ehrenamtlich zu engagieren, um die eigenen Kinder und Enkelkinder zu unterstützen – in vielen Fällen auch finanziell – und um den Hochbetagten, Ihren eigenen Eltern, zu helfen.

Großeltern stehen für schöne Rituale – die Gute-Nacht-Geschichte, ein Lied, ein Gebet, auch gemeinsame Mahlzeiten – und für die Qualität der Zeit, die Großeltern ihren Enkeln schenken. Es steckt viel positive Kraft in diesen kleinen Ritualen, die die gemeinsame Zeit bedeutsamer und das Leben ein klein wenig wertvoller machen.

Und so freut es uns ganz besonders, dass dieses Buch entstanden ist, das Sie gerade in den Händen halten. *Wir werden Großeltern* ist ein Ratgeber und ein Lesebuch, das Sie lächeln und nicken lässt. Es ist ein Buch, das wir von grosseltern.de uns schon seit einiger Zeit wünschen. Daher freuen wir uns sehr, dass dieses Projekt nun gemeinsam mit Silke Geercken und dem DK-Verlag realisiert werden konnte.

Dr. Andreas Reidl
Gründer grosseltern.de

Anhang

Websites für Eltern, Kinder und Großeltern

Allgemeiner Rat

www.kidsweb.de
Kinderseite für kleine und große Leute

www.bmfsfj.de
Bundesministerium für Familie, Senioren, Frauen und Jugend: viele Themen rund um diese Zielgruppen

Sicherheit und Notfälle

www.erste-hilfe-fuer-kinder.de
Umfangreiche Informationen für Eltern zu Notfällen bei Kindern und Babys

www.kindersicherheit.de
Die Bundesarbeitsgemeinschaft »Mehr Sicherheit für Kinder e.V.« ist das nationale Fachnetzwerk zur Verhütung von Kinderunfällen

www.dksb.de
Deutscher Kinderschutzbund: Lobby für Kinder, die sich für die Rechte aller Kinder und Jugendlichen auf gewaltfreies Aufwachsen einsetzt.

www.adac.de
Testberichte zu Kindersitzen

www.giftnotruf.de
Hilfe bei Vergiftungsunfällen von Kindern. Die Internetseite informiert über Vergiftungsrisiken, Erste-Hilfe-Maßnahmen und verbindet schnell mit dem zuständigen Giftnotruf.

Rat für Familie, Erziehung & Partnerschaft

www.familienhandbuch.de
Informationen zu Familie, Erziehung, Partnerschaft

www.familienportal.de
Infos zu Familienleistungen, zum Beispiel Elterngeld, das unter bestimmten Voraussetzungen auch Großeltern beanspruchen können

www.granny-aupair.com
Alternative für Omas, die noch mehr von der Welt sehen möchten

www.grosseltern.de
Viele interessante Beiträge rund um das Thema Großeltern

Lesen, Lernen und Beschäftigung

www.philipp-die-maus.de/
Zeitschrift mit Tipps für Beschäftigungsmöglichkeiten mit Kindern

www.stiftunglesen.de
Lesefreude wecken, Lesen fördern, Geschichten-App zum Vorlesen

www.seitenstark.de
Seitenstark ist ein Netzwerk mit rund 60 Internetseiten für Kinder. Altersgerechte Texte, Videos, Audios und Spiele vermitteln Wissen, sensibilisieren die Kinder für gesellschaftliche, kulturelle oder Umweltthemen und fördern ihre Sozial- und Medienkompetenz.

www.lernspass-fuer-kinder.de
Diese Seite liefert Spiele und Übungen für Deutsch, Mathe, Englisch, HSU (Bundesländer, Natur und Geografie, Politik und Geschichte, Europa), Kunst und Musik, Ethik und Sport. Die Übungen richten sich an Kinder zwischen 6 und 11 Jahren. Filme unterstützen das Lernen, und es gibt zu jedem Thema ein Quiz. Die Nutzung ist kostenfrei.

www.geo.de/geolino
Geolino bietet Artikel, Videos und Buchtipps zu vielen Themen (Weltall, Mittelalter, Kinderrechte, Christentum), dazu Rezepte, Bastelideen und Spiele.

Digitale Medien für Kinder

www.flimmo.de
Ratgeber für TV-, Streaming- &YouTube-Angebote für Kinder und Eltern. Per Internetseite und kostenloser App werden Eltern und Großeltern darüber informiert, welche Sendungen bei Drei- bis 13-Jährigen beliebt sind, bei welchen Sendungen ein wachsames Auge auf den Fernsehkonsum notwendig ist und was Kinder nicht sehen sollten.

www.internet-abc.de
Das Internet-ABC ist ein sicheres Angebot für den Einstieg ins Internet. Die werbefreie Plattform richtet sich mit Erklärungen, Tipps und Tricks an Kinder von 5 bis 12 Jahren, Eltern, Großeltern und Pädagogen.

www.blinde-kuh.de
Blinde-Kuh.de ist eine deutschsprachige Suchmaschine für Kinder. Das mehrfach ausgezeichnete Portal wird vom Bundesfamilienministerium unterstützt.

www.kikaninchen.de/index.html
Die Website zum Vorschulprogramm des KIKA lädt die Kleinsten dazu ein, erste spielerische Erfahrungen mit dem Internet zu machen.

Apps für Großeltern

Houseparty
Houseparty ist ein virtueller Partykeller. Bis zu acht Personen können sich im Gruppenchat zusammenfinden und zum Beispiel UNO spielen.

Quizduell
Spiele-Apps wie Quizduell haben nicht nur einen hohen Unterhaltungswert, sondern erlauben es außerdem, sich mit anderen Spielern zu messen.

GrünZeit
Eine von der Verbraucherzentrale Schleswig-Holstein entwickelte App mit einem Saisonkalender und Hinweisen zum klimafreundlichen Einkauf.

Gartenplaner
Diese App unterstützt Sie bei der Pflege Ihres Gemüsebeets. Sie erhalten Informationen zum Anbau, z. B. einen Kalender für Aussaat und Ernte, sowie Hinweise auf ungünstige Kombinationen von Gemüsesorten.

Foodahoo
Mit dieser App finden Sie Hofläden in der Umgebung. Der Anbieter hat rund 11 000 Adressen gesammelt. Es gibt mehrere Sortierfunktionen.

SpeechTexter
SpeechTexter ist eine App, die besonders für solche Personen hilfreich sein kann, die nicht mehr so gut sehen können oder Probleme beim Tippen haben. Die App, die kostenlos genutzt werden kann, verwandelt das gesprochene Wort in schriftlichen Text um.

Google Arts & Culture
Diese App liefert ein riesiges Angebot an Kunstwerken und Sammlungen sowie Videoführungen und spielerische Angebote rund um die Kunst.

ARD-Audiothek
Diese App bietet kostenfreien Zugriff auf mehrere hundert Hörbücher und Hörsendungen.

Poesi
Diese App liefert jeden Tag ein Gedicht. Eine Sortierung nach Themen ist möglich.

Die schönsten Bücher zum Vorlesen

ab 2 Jahren:

Vicky Bo, *Gute Nacht, Kinder.* Vicky Bo Verlag, 2017.

Alexander Steffensmeier, *Die Kuh Lieselotte.* Sauerländer.

Andrea Hebrock, Susanne Lütje, *Wibo Waschbär auf der Baustelle.* Oetinger, 2013.

Luis Murschetz, *Der Maulwurf Grabowski.* Diogenes, 1972.

ab 5 Jahren:

Marc-Uwe Kling, *Das Neinhorn.* Carlsen, 2019.

David McKee, *Elmar.* Thienemann, 2004.

Julia Boehme, Herdis Albrecht, *Conny und das wilde Pony.* Carlsen, 2019.

Saskia Geisler, Julia Gerigk, *Peggy Diggledey– Hey ho, was für ein Piratenwinter!* Ellermann, 2016.

Maria Isabel Sánchez Vegara, *Little people, big dreams: Frida Kahlo.* Insel, 2017.

Nele Moost, Annet Rudolph *Das große Vorlesebuch vom kleinen Raben Socke.* Esslinger, 2016.

Mauri Kunnas, *Wo der Weihnachtsmann wohnt.* Oetinger, 1982.

Tippi Degré, *Tippi aus Afrika.* Ullstein, 2003.

Erhart Dietl, *Die Olchis.* Oetinger, 2004.

Weiterführende Literatur

für Senioren

Wolfgang Büser, *Rechtsratgeber für Senioren: Rechtssicher im Alltag mit 60plus.* Wolters Kluwer, 2017.

Otto N. Bretzinger, *Handbuch Testament.* VZ NRW, 2021.

Jan Bittler et al., *Das Vorsorgehandbuch.* VZ NRW, 2020.

Erziehung und Kinderbeschäftigung

Gesunde Ernährung von Anfang an. VZ Hamburg, 2016.

Was denkt mein Kind? Praktische Psychologie für Eltern von heute. Für Eltern von Kindern von 2 bis 7 Jahren. Dorling Kindersley, 2019.

Lernspaß für Vorschulkids. Meine 123-Spielbox. Buch, Spielkarten, Spielplan und Bastelwürfel. Mit Pädagogen entwickelt. Dorling Kindersley, 2018.

Auf ins Beet! 30 wilde Gartenideen für Radieschenräuber und Bienenretter. Ab 6 Jahren. Dorling Kindersley, 2021.

Register

Über die Autorin

Silke Geercken, Jahrgang 1954, lebt in Schwarzenbek bei Hamburg. Die Journalistin hat rund 40 Jahre für diverse Zeitungen und Zeitschriften gearbeitet. Sie ist verheiratet, hat zwei Söhne und vier Enkel: Linus (8), Paula (5), und die Zwillinge Mathilde und Lena (2).

Dank und Bildnachweis

Für die Ermutigung, die kritische Lektüre des Manuskripts und die großartige Unterstützung danke ich Caren Kinscherf vom DK-Verlag München. Mein Dank für die Idee der Veröffentlichung geht an Dr. Andreas Reidl, Herausgeber von grosseltern.de. Ich danke meinem Mann für sein Verständnis und die tolle Verpflegung, wenn ich am Computer saß, und ich danke meinen beiden Söhnen und Schwiegertöchtern für vier wunderbare, inspirierende Enkelkinder, die meinen Alltag bereichern und mich auf Trab halten.

Der Verlag dankt folgenden Personen und Organisationen für die freundliche Genehmigung zum Abdruck von Fotos:
(Abkürzungen: o = oben, u = unten, m = Mitte, l = links, r = rechts)
8 Getty Images / iStock: monkeybusinessimages. **11 Getty Images / iStock:** filadendron / E+. **12 Getty Images / iStock:** sutichak. **16 Getty Images / iStock:** DavidPrahl. **19 Getty Images / iStock:** SolStock / E+. **22 Getty Images / iStock:** Geber86 / E+. **25 Getty Images / iStock:** miodrag ignjatovic. **28 Getty Images / iStock:** Nes (ol). **31 Getty Images / iStock:** Milan_Jovic (o). **33 Getty Images / iStock:** SolStock. **34 Getty Images / iStock:** Milan_Jovic / E+. **40 Getty Images / iStock:** FG Trade / E+. **42 Getty Images / iStock:** Vesnaandjic / E+. **45 Getty Images / iStock:** Daniel Besic. **46 Getty Images / iStock:** monkeybusinessimages. **49 Getty Images / iStock:** StefaNikolic / E+. **54 Getty Images / iStock:** Tetiana Soares. **58 Getty Images / iStock:** supersizer / E+ (ul). **65 Getty Images / iStock:** StefaNikolic (ul). **68 Getty Images / iStock:** Halfpoint. **71 Getty Images / iStock:** RyanJLane / E+. **72 Getty Images / iStock:** miodrag ignjatovic / E+ (ur). **82 Getty Images / iStock:** fizkes. **89 Getty Images / iStock:** Edwin Tan / E+. **90 Getty Images / iStock:** wundervisuals / E+. **93 Getty Images / iStock:** Nazar Rybak / E+. **101 Getty Images / iStock:** bernardbodo (ul). **103 Getty Images / iStock:** Anchiy / E+. **107 Getty Images / iStock:** SolStock / E+. **108 Getty Images / iStock:** Aleksandar-Nakic / E+. **111 Getty Images / iStock:** Geber86 / E+. **118 Getty Images / iStock:** Onfokus (o). **122 Getty Images / iStock:** pixelfit / E+. **129 Getty Images / iStock:** Astarot. **134 Getty Images / iStock:** Sanja Radin. **137 Getty Images / iStock:** Geber86 / E+ (u). **139 Getty Images / iStock:** Dejan Marjanovic / E+ (o). **140 Getty Images / iStock:** SDI Productions / E+. **143 Getty Images / iStock:** metinkiyak. **147 Getty Images / iStock:** FG Trade / E+. **150 Getty Images / iStock:** evrim ertik / E+. **153 Getty Images / iStock:** PeopleImages (o). **157 Getty Images / iStock:** SolStock. **159 Getty Images / iStock:** eclipse_images / E+. **161 Getty Images / iStock:** fizkes. **164 Getty Images / iStock:** miodrag ignjatovic / E+.

Umschlag: Getty Images / iStock: SolStock / E+.

Weitere Informationen unter:
www.dkimages.com

Programmleitung Monika Schlitzer
Redaktionsleitung Kerstin Schlieker
Projektbetreuung Caren Kinscherf
Herstellungsleitung Dorothee Whittaker
Herstellungskoordination Katharina Schäfer
Herstellung Evely Xie

Text Silke Geercken
Lektorat Anke Wellner-Kempf
Layout, Satz und Covergestaltung Daniela Rudolf

ISBN 978-3-8310-4353-8

Repro Farbsatz, Neuried/München
Druck und Bindung TBB, a.s., Slowakei

MIX
Papier | Fördert gute Waldnutzung
FSC® C018179
www.fsc.org

www.dk-verlag.de

Noch mehr Inspiration für Großeltern

ISBN 978-3-7342-0649-8
24,95 € (D) / 25,70 € (A)

ISBN 978-3-8310-4259-3
16,95 € (D) / 17,5 0 € (A)

ISBN 978-3-8310-4303-3
12,95 € (D) / 13,40 € (A)

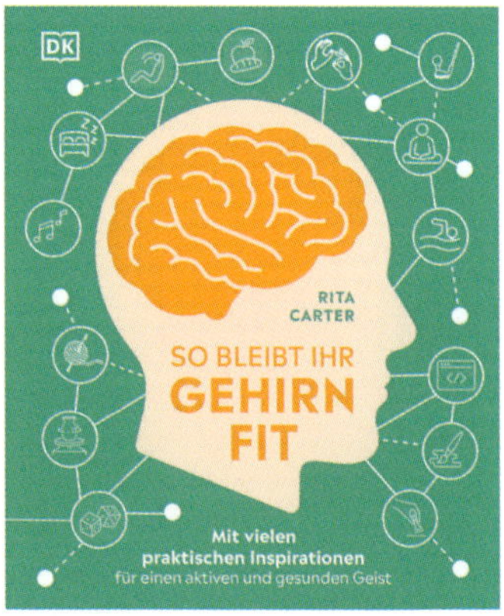

ISBN 978-3-8310-4383-5
14,95 € (D) / 15,40 € (A)

DK

www.dk-verlag.de